MÉMOIRES
SECRETS ET INÉDITS,

POUR SERVIR

A L'HISTOIRE CONTEMPORAINE.

PARIS, IMPRIMERIE DE LEBEL,
IMPR. DU ROI, RUE D'ERFURTH, N° 1.

MÉMOIRES
SECRETS ET INÉDITS,

POUR SERVIR

A L'HISTOIRE CONTEMPORAINE,

SUR L'EXPÉDITION D'ÉGYPTE, PAR J. MICHEL DE NIELLO SARGY ;
SUR L'EXPÉDITION DE RUSSIE, PAR LE COMTE DE BEAUVOLLIER ;
SUR L'EXIL ET LES INFORTUNES DES PRINCES DE LA MAISON ROYALE,
PAR LE VICOMTE D'H***, AIDE-DE-CAMP DE LOUIS XVIII ;
SUR LES DIFFÉRENTES MISSIONS ROYALISTES DE MADAME LA VICOMTESSE
TURPIN DE CRISSÉ, ETC.

RECUEILLIS ET MIS EN ORDRE

Par M. Alph. de Beauchamp.

TOME DEUXIÈME.

PARIS,
VERNAREL ET TENON, LIBRAIRES,
RUE HAUTEFEUILLE, N° 30.
1825.

NOTICE BIOGRAPHIQUE

SUR LE COMTE DE BEAUVOLLIER,

Avec des éclaircissemens relatifs à sa Relation particulière et anecdoctique sur l'expédition de Russie.

Pierre-Louis, comte de Beauvollier, seigneur de Saint-Marçol, près Loudun, issu d'une famille distinguée du Poitou, ancien page de Louis XVI, fut dénoncé, en 1793, au conventionnel Tallien, commissaire dans les départemens du Sud-Ouest, comme fauteur de l'insurrection vendéenne. L'ordre de l'arrêter fut donné; il y échappa, et vint se ranger sous les drapeaux de l'armée royale, alors réunie à Thouars. Il fut accueilli avec joie par les chefs de cette armée, et nommé commandant en second de l'artillerie, sous l'infortuné Bernard de Marigny. M. de Beauvollier prit part, en cette qualité, à tous les succès qu'obtinrent les Vendéens pendant la mémorable campagne de 1793; et, à compter de cette époque, son nom figura dans tous les actes émanés des chefs royalistes, jusqu'à la catastrophe qui suivit de près le passage de la Loire à Saint-Florent. Après l'affaire de Saumur, le conseil le nomma intendant-général, trésorier de l'armée royale et catholique. M. de Beauvollier ne se distingua pas moins par ses talens militaires que par ses talens administratifs, et surtout par son humanité. Lors de la prise de Fontenai, qui avait été précédée de la déroute complète des troupes républicaines, il obtint que tous les hommes des environs de Loudun qui avaient été pris dans les rangs de l'ennemi, pussent rentrer dans leurs foyers, et il fit rendre la liberté aux membres de l'administration départementale des Deux-Sèvres, que le conseil voulait retenir comme otages. A Chinon, il enleva aux républicains quarante mille quintaux de grains et de farines, et il délivra plusieurs nobles victimes, que leur attachement à la religion et à la monarchie avait fait vouer à la mort. M. de Beauvollier jouissait d'une grande influence parmi les chefs vendéens, et souvent il leur faisait adopter ses opinions; il est fâcheux qu'il n'ait pas réussi à les convaincre dans une circonstance qui pouvait être décisive pour l'armée royale. Fatiguées de servir la Convention, qui les faisait passer sans cesse d'un commandement à un autre, mécontentes de la destitution de chefs qu'elles estimaient, les garnisons de Mayence et de Valenciennes offrirent aux Vendéens de venir grossir leurs rangs, si on voulait leur assurer une solde régulière. M. de Beauvollier se prononça fortement pour que cette offre fût acceptée, et proposa d'affecter au paiement de la solde demandée l'argenterie des églises des départemens de la Vendée, des Deux-Sèvres et de la Vienne, qui était en dépôt à Fontenai. Son avis fut appuyé par MM. de Larochejacquelin et de Lescure; mais la majorité du conseil crut voir un sacrilége dans cette disposition, et l'offre fut rejetée. M. de Beauvollier ne fut pas plus heureux lorsqu'au mois d'octobre 1793, après l'étonnante victoire remportée à Laval, il ouvrit l'avis de se borner à entretenir les communications qu'on venait d'obtenir avec les provinces d'outre-Loire, et, profitant de la stupeur où se trouvait l'ennemi, de revenir avec le gros de l'armée, reprendre tout le pays qui avait été abandonné. Mais une autre proposition moins importante que fit bientôt M. de Beauvollier fut unanimement adoptée; ce fut la création d'un papier-monnaie, qualifié de *bons royaux*, portant intérêt à cinq pour cent, et dont l'objet était à la fois de subvenir aux besoins de l'armée et d'attacher à la cause royaliste les porteurs de ces effets. Il en fut créé pour deux millions cinq cent mille francs. Mais bientôt l'armée royale, épuisée de fatigue et de misère, déjà prodigieusement affaiblie par des désastres partiels, succomba dans une action générale sous les murs et dans la ville du Mans. Mme de Beauvollier, qui, pendant la bataille, s'était réfugiée dans un village voisin, y fut prise avec sa fille, et toutes deux furent traînées à Angers. Les faibles débris de l'armée vendéenne avaient perdu toute espérance; les chefs ne songèrent plus qu'à échapper par la fuite à une mort certaine. M. de Beauvollier se réfugia dans les environs du Mans, où il se tint caché jusqu'à la première amnistie de 1794, qui le réunit à son épouse. Mais les conditions de cette amnistie furent mal observées par les républicains, et la guerre se ralluma dans quelques départemens de l'Ouest. M. de Beauvollier, qui n'y prit aucune part, fut appelé à un conseil tenu par les délégués de la Convention. Interrogé sur les moyens de s'emparer du général Stofflet, seul obstacle, disait-on, à la pacification de la Vendée, « On ne me verra jamais, répondit M. de Beauvollier, porter le fusil sur l'une et l'autre épaule; ce rôle ne peut convenir qu'à des transfuges soudoyés. » Malheureusement il s'en trouva, et Stofflet fut livré.

Les insurrections de l'Ouest ayant éclaté

de nouveau en 1799, M. de Beauvollier reparut dans les rangs des royalistes; il commandait, dans le haut Anjou, une division de M. d'Autichamp, et y rendit de grands services. Mais cette guerre fut peu glorieuse; la pacification de 1800 la termina*. Malgré l'amnistie accordée à tous les chefs et soldats vendéens, M. de Beauvollier, toujours suspect à Bonaparte, fut plusieurs fois emprisonné à Paris, et mis en surveillance dans son département. Il obtint enfin, en 1805, la permission de résider librement dans la capitale. En 1811, il accepta un service administratif dans les armées françaises, et fit, en remplissant ces nouvelles fonctions, la désastreuse campagne de Moscou, où il fut fait prisonnier. Sa position le mit à portée de voir par lui-même une partie des événemens de cette guerre, et de prendre quelques notes curieuses et surtout véridiques.

* Tous les faits exposés dans cette Notice sont historiquement consignés dans toutes les éditions de l'*Histoire de la guerre de la Vendée.* (Note de l'Éditeur.)

NOTICE BIOGRAPHIQUE.

Nous en avons tiré la relation particulière et anecdotique de la campagne de 1812, que nous donnons au public, ainsi que les informations personnelles relatives à M. le comte de Beauvollier *. On voit au premier coup d'œil que le narrateur n'a pas eu la prétention de donner un itinéraire militaire, ni un journal exact des opérations de cette fameuse campagne de Russie; d'autres l'ont fait avant lui avec plus ou moins de succès, et l'histoire militaire de l'expédition de 1812 est maintenant connue dans tous ses détails. Mais il n'en est pas de même de l'histoire anecdotique et en quelque sorte pittoresque et locale. La relation du comte de Beauvollier doit être rangée dans cette catégorie; ce sont les souvenirs, mis en ordre, d'un observateur distingué et intelligent qui raconte avec simplicité et intérêt

* Ce fut vers la fin de 1814, que M. le comte de Beauvollier, de retour à Paris, et cédant à mes instances, me communiqua très-obligeamment les matériaux sur lesquels j'ai rédigé ces Mémoires. (*Note de l'Éditeur.*)

les faits dont il a été témoin oculaire, et les circonstances dignes de remarques qui sont parvenues à sa connaissance. Nous avons cru devoir faire précéder la relation de M. le comte de Beauvollier et celle de M. J. Gazo* qui est aussi dans le même genre, d'une espèce de tableau historique et politique sur les causes de la guerre de Russie et sur la marche des événemens qui ont amené cette campagne célèbre. Nous nous sommes attachés dans ce morceau à rassembler une masse de lumières historiques propres à éclairer parfaitement le lecteur et à le conduire, comme par la main, dans le labyrinthe des incidens compliqués qui forment le tissu de cette expédition gigantesque, marquée par le plus grand désastre militaire qui ait affligé aucun conquérant depuis Sésostris.

* M. Gazo, de Genève, est mort en France peu de temps après son retour de Russie; c'était un homme très-recommandable, très-attaché à ses devoirs, et dont la véracité ne saurait être révoquée en doute. Je tiens sa relation de sa respectable veuve et de M. Alloard, son beau-fils. (*Note de l'Éditeur.*)

INTRODUCTION

HISTORIQUE ET POLITIQUE.

Le traité de Tilsitt avait réconcilié la Russie avec la France; mais Bonaparte, qu'une opinion exagérée de sa puissance poussait incessamment à des projets ambitieux, conçut de bonne heure celui d'envahir la Russie, sans laquelle, comme il le disait souvent lui-même, le système continental n'était qu'une chimère. Ce fut surtout depuis la fin de 1810 qu'on put aisément reconnaître que cette grande pensée le dominait. Le cabinet russe ne fut pas le dernier à s'en apercevoir. Les conférences d'Erfurth, dont le but apparent était de cimenter le traité de Tilsitt, déguisèrent mal les véritables intentions du conquérant, et les dispositions hostiles qu'il fit bientôt sur tous les points de son vaste empire achevèrent de dévoiler le secret de son insatiable ambition.

Persuadé que le succès d'une entreprise aussi gigantesque dépendait des élémens qui devaient concourir à son exécution, il s'attacha à reculer de plus en plus les limites du territoire français, et à se concilier l'esprit des peuples qui, par leur position géographique, pouvaient opposer le plus grand obstacle à ses desseins. S'il ne parvenait pas à les entraîner, il voulait les forcer en quelque sorte de s'allier à son projet de domination universelle. Ce fut ainsi qu'il donna le duché de Varsovie au roi de Saxe, qui descendait des anciens rois de Pologne; qu'il stipula que la ville de Dantzick, dont il avait fait une place d'armes, lui appartiendrait jusqu'à la conclusion de la paix maritime ; qu'il mit tous ses soins à entretenir les inimitiés existantes entre la Russie et la Porte; qu'il refusa de signer avec l'empereur Alexandre une convention par laquelle il s'engagerait à ne jamais reconnaître le royaume de Pologne, sous le prétexte futile qu'un tel acte serait incompatible avec sa dignité. Enfin, après l'abdication de son frère Louis, roi de Hollande, qu'il avait forcé précédemment à lui céder la Zélande, le Brabant et la partie de la Gueldre située sur la rive gauche du Waal, il réunit à la France toutes les provinces hollandaises, le duché de Lauembourg, et celui d'Oldenbourg; les villes anséatiques éprouvèrent le même sort.

Il serait impossible de ne pas voir, dans son mariage avec l'archiduchesse Marie-Louise, une conséquence du même système, un de ces actes long-temps prévus d'avance, par les quels il préparait ainsi de longue main l'exécution de ses projets. Aussi déploya-t-il toutes les ressources de sa politique pour arriver à ce résultat, qui était pour lui de la plus haute importance. Désormais, rassuré sur le compte de l'Autriche, il crut ne devoir plus garder autant de ménagemens avec la Russie; et quoiqu'il affectât encore, dans tous ses rapports diplomatiques avec cette puissance, de protester de son désir de conserver la bonne harmonie entre les deux empires, il ne fut pas difficile au cabinet russe de voir jour à travers le voile transparent qui cachait ses dispositions hostiles.

Il était bien évident que par ces protestations artificieuses Bonaparte ne cherchait qu'à gagner du temps, afin de terminer ses préparatifs et d'éloigner de l'empereur Alexandre tout soupçon d'une prochaine rupture.

La conscription de 1811, qui fut une infraction aux traités existans entre la France et la Russie, les armemens extraordinaires des Polonais du duché de Varsovie, et l'accroissement progressif de l'armée française d'Allemagne, dont le quartier-général avait été transféré de Ratisbonne à Hambourg, étaient autant d'indices des projets qu'il méditait.

L'empereur Alexandre vit alors le danger de plus près; il jugea enfin qu'il était temps de faire aussi des préparatifs de défense, et il rassembla la majeure partie de ses forces sur la frontière occidentale de son empire.

Napoléon ne s'était pas attendu à trouver dans le cabinet russe cette prévoyance du danger dont il le menaçait; il en fut alarmé; ses affaires d'ailleurs prenaient de jour en jour en Espagne une tournure plus défavorable; il sentit que ce n'était pas le moment d'éclater. Il eut recours encore une fois aux protestations de bonne amitié; mais ce moyen était usé, et Alexandre, devenu défiant, se tint sur ses gardes.

La guerre entre la Russie et la Porte ayant recommencé en 1811, Bonaparte ne vit plus de motifs pour cacher ses projets.

INTRODUCTION.

Au commencement de 1812, tout présageait l'explosion prochaine dont l'Europe était menacée. Les forces immenses que le conquérant avait à sa disposition annonçaient que cette explosion serait terrible. Indépendamment des ressources militaires de la France, l'Italie, Naples, la Suisse, la Hollande, les princes de la confédération du Rhin et le duché de Varsovie étaient ses alliés ou plutôt ses tributaires. A l'exception de la Russie, de l'Angleterre et de la Turquie, il ne restait en Europe d'autres puissances indépendantes que le Danemarck, l'Autriche et la Suède. Bonaparte ne négligea rien pour les attirer à son alliance.

Il n'eut pas de peine à réussir auprès du Danemarck; mais la coopération de ce royaume ne pouvait être d'aucune utilité pour lui.

L'Autriche eût bien voulu rompre une alliance qui n'était ni dans sa politique, ni dans ses intérêts; mais elle s'était en quelque sorte engagée, par le mariage de l'archiduchesse Marie-Louise, à faire cause commune avec la France, jusqu'à ce que les événemens vinssent lui rendre son indépendance. Elle fournit à Bonaparte trente mille hommes et soixante canons.

Les tentatives qu'il fit auprès de la Suède

échouèrent complétement. Bernadotte, s'identifiant aux intérêts de sa nouvelle patrie, repoussa toute proposition, et pour maintenir son indépendance, il se détermina au contraire à s'unir étroitement à la Russie.

Quant à la Prusse, sa destinée était inévitable. Depuis la désastreuse bataille d'Iéna, cette monarchie, jadis si florissante, n'existait plus. Toutes ses places fortes étaient au pouvoir des troupes françaises. Le traité de Tilsitt les lui rendit, à l'exception de la ville de Dantzick; mais cette restitution ne la mit pas en situation de rompre ses chaînes; elle n'en resta pas moins tributaire de la France.

Sa position en 1812 n'était pas plus brillante. Cernée de tous côtés par les troupes du duché de Varsovie, par celles de Saxe et par l'armée de Davoust qui, en quelques marches, pouvait être rendu à Berlin, elle voyait encore les Français établis dans le cœur de ses Etats, et ne pouvait songer à secouer le joug d'une alliance qu'elle supportait depuis cinq ans. La Prusse ne pouvait se dissimuler qu'elle risquait, en cherchant à se soustraire à la coalition, d'en devenir la première victime. Elle dut en conséquence travailler à unir ses intérêts à ceux de la France.

Ce qui semble extraordinaire au premier abord, c'est que les propositions réitérées que Frédéric-Guillaume fit adresser à Bonaparte à ce sujet, furent toujours reçues dédaigneusement par cet homme insatiable. Mais cette conduite s'explique par l'intention qu'il avait manifestée d'anéantir la monarchie prussienne, dans la crainte que si le sort des armes lui était contraire, elle ne devînt pour lui un ennemi d'autant plus redoutable, qu'elle avait plus à se plaindre de la domination française. Ce projet fut long-temps sa pensée dominante. Enfin, au commencement de 1812, de nouvelles considérations prévalurent, et il consentit à recevoir l'alliance que la Prusse lui offrait. Il fut convenu que Frédéric-Guillaume mettrait à la disposition de la France, pour être employé contre la Russie, un corps de vingt mille hommes et soixante pièces de canon, et qu'il fournirait en outre à l'armée française tous les objets nécessaires à sa subsistance pendant son passage à travers les Etats prussiens.

Ce fut peu de temps après la conclusion de ce dernier traité avec la Prusse, que l'armée française d'Allemagne pénétra dans ce pays en s'avan-

çant par sa gauche et par le centre jusqu'à l'O-
der, et par sa droite jusqu'à l'Elbe. C'était évidemment se mettre en état d'hostilité avec la
Russie, puisque cette puissance avait exigé,
comme condition *sine quâ non* de toute négociation, l'intégrité de la monarchie prussienne, et
l'entière évacuation de ses places fortes.

Tous les corps destinés à faire partie de cette
expédition gigantesque s'ébranlèrent simultanément dans le courant d'avril. Les immenses préparatifs qui se faisaient depuis long-temps reçurent une nouvelle activité.

J'étais à Hambourg lorsque toutes ces choses
se passaient. J'avais été attaché en qualité de directeur à l'intendance générale de l'armée. A
cette époque, les projets de Bonaparte n'étaient
plus un mystère, mais on en parlait diversement.
Les plus sages regardaient cette entreprise comme
une témérité; d'autres en avaient une idée bien
différente : pleins de confiance dans la valeur
éprouvée de l'armée française et dans les talens
militaires de son chef, ils présageaient un succès
facile et des résultats de la plus haute importance.

J'avais dans cette ville des relations avec plu-

INTRODUCTION.

sieurs personnes qui étaient, ainsi que je l'ai su depuis, très au courant du but de cette grande expédition. L'une d'elles me confia un jour un manuscrit qui était intitulé : *Plan de Napoléon*. Je ne pus le conserver assez long-temps pour en prendre copie, mais il m'a été facile d'en retenir les principales dispositions. Elles sont d'autant plus curieuses, que la plupart des versions auxquelles donnèrent lieu ces immenses préparatifs, sont aussi ridicules qu'invraisemblables, et que, parmi les écrivains qui ont tracé les événemens de cette campagne de Russie, aucun n'en a connu le véritable mobile, et n'a pu en assigner le but d'une manière positive.

Je n'oserais toutefois assurer que ce plan fût réellement celui que Napoléon avait adopté; mais j'ai du moins quelques raisons de croire qu'il l'eût préféré à tout autre, si le succès eût couronné son entreprise, parce qu'il s'associait davantage, dans son imagination envahissante, avec ses idées de domination universelle.

Il est incontestable que de toutes les puissances dont il pouvait redouter l'influence, l'Angleterre était celle qui lui portait le plus d'ombrage, à cause de sa prépondérance maritime. Il est donc permis de penser que l'expédition dirigée contre la Russie ne devait point se borner à l'occupation pure et simple de cet empire. Ce résultat, quelque brillant qu'il eût été, n'était point de nature à satisfaire une ambition qui aurait visé à reculer les limites du monde, si la chose eût été possible. Il voulait enlever à la Grande-Bretagne le sceptre des mers ou le briser entre ses mains; il voulait, une fois maître de la Russie, procurer à la France le commerce de l'Inde, si florissant dans les temps anciens, languissant et presque anéanti dans les temps modernes, par l'effet de la concurrence de l'Angleterre.

Ce projet était vaste, mais il n'était certainement pas impossible à exécuter. Dominer le monde par la puissance du commerce était d'ailleurs une idée qui devait trouver de nombreux partisans. Aussi m'a-t-on assuré que les bases de ce plan avaient été indiquées par les principaux négocians de Hambourg et des villes anséatiques.

Il consistait à établir, soit à Hambourg, soit à Lubeck, ou sur tout autre point, un vaste entrepôt de produits maritimes qui, étant tirés de la Pologne et non de la Russie, et arrivant par des flottages intérieurs, auraient été distribués de la même manière dans tous les ports de la marine impériale. Hambourg paraissait éminemment propre à devenir le siége de cet immense entrepôt. Fondée par Charlemagne, qui voulait en faire un rempart formidable contre les invasions des peuplades du Nord, cette ville était, à l'époque de sa réunion à la France, une cité opulente et l'une des plus fortes places de change de l'Europe.

On avait fait entrevoir à Napoléon la possibilité d'appeler, sur ce même entrepôt, le commerce de la Perse, de l'Inde et de la Chine, susceptible d'être rétabli, relativement au nord, sur un pied approximatif de ce qu'il était avant la découverte du cap de Bonne-Espérance, lorsqu'il avait son cours par le territoire russe et le Holstein; d'en réserver le monopole à la France à l'égard de la majeure partie du continent; d'enlever à l'Angleterre le petit nombre de débouchés que le système continental laissait à ses productions asiatiques; enfin, de se préparer les moyens de pénétrer, les armes à la main, jusqu'au cœur des établissemens anglais dans l'Inde.

Il était question en outre de donner à la France

un second entrepôt dans le Midi. Il en devait résulter un nouveau système commercial bien approprié à la situation actuelle du continent. Ce nouveau système devait embrasser tous les produits et tous les besoins; suppléer à l'ancien commerce de la France avec l'Inde; remplacer, par des institutions agricoles, celui des colonies donner aux produits d'échange européens un cours naturel, facile et non interrompu; resserrer le système continental, et hâter la chute de l'Angleterre.

Des exemples anciens étaient invoqués à l'appui de ce système. Alexandre, roi de Macédoine, avait lié à son plan de conquête de l'Inde des vues commerciales. Il fonda Alexandrie et lui donna une position d'où elle pouvait commander le commerce de l'Inde par la Méditerranée, le Nil, le golfe Arabique, le golfe Persique, l'Indus, l'Euphrate et le Tygre. Par là, il ouvrit au commerce des routes nouvelles, des débouchés jusqu'alors inconnus. Une de ces routes s'est maintenue pendant long-temps, et a contribué à la richesse de l'Egypte jusqu'après la découverte du cap de Bonne-Espérance. L'autre, long-temps exploitée par les Vénitiens, convient à la situa-

INTRODUCTION.

tion de l'Europe, et peut procurer au Nord des avantages inappréciables, que les circonstances n'ont pas encore permis d'apercevoir d'une manière certaine pour le Midi.

Pélénus, roi de Spire*, est le seul qui, des bords de la Méditerranée, ait pénétré militairement par terre jusqu'au Bengale, où il voulait rétablir les immenses rapports commerciaux qui avaient autrefois existé entre l'Inde et ses Etats. Il poussa ses conquêtes jusqu'à l'embouchure du Gange, et prouva, par cette expédition hardie, qu'il était possible d'arriver avec une armée jusqu'aux lieux où se trouve aujourd'hui la capitale des possessions anglaises dans l'Inde.

Depuis le VIIIe jusqu'au XIVe siècle, le port de Sleswick, sur la Baltique, limitrophe du Holstein, et ceux de Winaska, de Wisby et de Lubeck, furent successivement les entrepôts du commerce asiatique, par la mer Caspienne et par la mer Noire.

Pendant que la ville de Lubeck était pour le Nord le centre du commerce asiatique, les Génois et les Vénitiens, qui étaient parvenus par

---
* Ville d'Allemagne.

les croisades à connaître aussi le commerce de l'Inde, l'attirèrent successivement à eux, et en obtinrent tout ce qu'exigeaient les besoins du Midi.

Les premiers maîtres du faubourg de Péra donnèrent pour routes à leurs nouvelles exportations, d'une part Cambaye, l'Indus, Candahar, la Bulgarie, le fleuve Oxus, la mer Caspienne, le Wolga, le Tanaïs, la mer Noire, les Dardanelles et la Méditerranée; de l'autre, le golfe Persique, Bassora, le Tygre, Trébisonde, la mer Noire et la Méditerranée.

Les Vénitiens, de leur côté, privés du passage important des Dardanelles, eurent recours à une autre route qui avait été autrefois celle des Romains et des Egyptiens. Elle partait de l'Indus, et conduisait au golfe Arabique, puis à Alexandrie, et de là dans toute la Méditerranée.

Des événemens désastreux signalèrent le déclin de ce vaste commerce. La Perse, en proie à des guerres intestines, n'offrit plus de communications assurées. Ivan Ier, grand-duc de Moscou, attaqua et détruisit l'entrepôt de Nowogorod. Il s'empara de quatorze millions en or, qui furent transportés à Moscou. Constantinople fut prise par les Turcs; le passage par les Dardanelles fut perdu pour les Génois, et la navigation par le cap de Bonne-Espérance remplaça ces diverses routes.

Catherine II essaya de ressusciter ce qui n'existait plus. Elle entreprit, sur les côtes méridionales de la mer Caspienne, une expédition qui avait le commerce de l'Inde pour objet; tant ce commerce importait à la richesse de la Russie! tant cette habile souveraine savait apprécier les avantages immenses qui devaient en résulter!

En 1801, Paul Ier, à qui on soumit un plan relatif au rétablissement du commerce de l'Inde, l'examina avec la plus sérieuse attention, et y puisa l'idée d'aller attaquer les Anglais dans leurs possessions de l'Inde.

Ce plan embrassait tous les rapports que la situation géographique de la Russie lui permettait d'établir avec ces riches contrées. Il avait pour objet de faire revivre ce commerce par la mer Noire, par la mer Caspienne, et par la route d'Orenbourg. Cette route, qui est celle que suivent les caravanes, fut choisie par l'empereur Paul pour la marche de son armée. Il se fit en conséquence tracer par l'auteur du projet un itinéraire depuis Orenbourg jusqu'à Calcutta ; et trois mois après, vingt-cinq mille Cosaques, une nombreuse artillerie, et trois mille chameaux, se trouvèrent réunis à Orenbourg. Paul Ier pensa que les Cosaques convenaient mieux que toute autre troupe pour le pays qu'il avait à parcourir.

Le secret de cette expédition fut si scrupuleusement observé que la première division de l'armée était déjà en marche depuis trois jours, lorsque le premier avis en fut apporté à Saint-Pétersbourg, et qu'aujourd'hui même on en connaît à peine les principales circonstances.

Sur ces entrefaites arriva la mort de Paul Ier, qui fut immédiatement suivie de la paix avec l'Angleterre ; et l'armée reçut l'ordre de rétrograder.

Tels sont les exemples qu'on citait en faveur du plan commercial et militaire de Napoléon, et je ne doute pas qu'il ne l'eût mis à exécution si son expédition eût réussi.

Les successeurs de Pierre le Grand au trône de la Russie n'avaient fait que continuer le système dont il avait démontré l'utilité ; certes, le conquérant de ce vaste empire n'aurait pas dédaigné d'entrer dans cette voie de prospérité pour les peuples qu'il aurait associés à sa fortune et aux destinées de la France.

Les productions de la Russie sont indispensables aux puissances européennes; d'où il suit que cet empire est comme un immense magasin de contrainte qui appelle impérieusement dans ses ports les navigateurs et les acheteurs. Depuis 1762 jusqu'en 1777, l'exportation s'est accrue d'un à sept.

Le commerce asiatique est la réunion de celui de la Perse, de l'Inde et de la Chine.

Pierre le Grand avait conclu un traité de commerce avec la Perse, et jeté les bases d'un autre traité plus avantageux encore avec la Chine.

La France, eu égard à sa position continentale, ne pouvait-elle pas obtenir par le commerce de l'Inde, fait avec les moyens bornés que comportent les communications par terre, des avantages qui eussent balancé ceux que l'Angleterre retire de la contrebande? Désormais privée de toute consommation en Europe, et n'ayant plus que la stérile ressource de dépenser les produits qu'elle tire de l'Inde, ou de les vendre en Amérique, la Grande-Bretagne aurait infailliblement perdu l'un de ses plus puissans élémens de richesses, et n'aurait pu racheter cette perte par aucun système de compensation : c'était ce que Napoléon ambitionnait de tous ses vœux, et sans doute il n'eût pas laissé échapper l'occasion d'appauvrir et d'humilier une puissance rivale.

Je répéterai ici ce que j'ai déjà avancé. J'ignore si ce plan, tel que ma mémoire me le rappelle, eût été celui que Napoléon eût voulu suivre; mais je sais très-positivement qu'il lui avait été présenté, et qu'à Hambourg on en parlait comme d'un projet sagement combiné, et qu'on y rattachait d'immenses résultats. Il paraît même qu'on avait proposé à Napoléon la création de nouvelles villes anséatiques, telles que Revel, Riga, Memel, Kœnisberg, Gothembourg, Stettin, Stralsund, et les plus fortes places maritimes d'Espagne. Chacune de ces villes aurait eu une junte commerciale composée de négocians, sous la surveillance des consuls français. Cette association était représentée comme devant réveiller sur le continent l'esprit mercantile, et contribuer à entraver le commerce anglais. C'était un boulevard inexpugnable sur lequel devait s'appuyer ce nouveau genre de domination.

MÉMOIRES

SUR

L'EXPÉDITION DE RUSSIE.

RELATION PARTICULIÈRE ET ANECDOTIQUE.

L'armée française s'avançait à marches forcées vers le théâtre où elle devait se signaler par de nouveaux exploits. Son passage à travers la Prusse fut marqué par des exactions affreuses qui portèrent au dernier degré d'exaspération la haine des habitans contre leurs oppresseurs. Lorsque Frédéric-Guillaume, entraîné par la nécessité, et affligé de la conduite des troupes françaises, qui, sous les ordres du général Compans, pénétrèrent dans ses états, tambour battant, mèche allumée, résolut de faire cause commune avec Napoléon, le mécontentement fut général, particulièrement dans l'armée prussienne, dont la plus grande partie aima mieux retourner dans ses foyers que de servir comme auxiliaire de la France. Un nombre considérable d'officiers qui avaient manifesté hautement leur opinion, furent arrêtés et renfermés dans des forteresses. Partout on faisait des vœux pour que l'homme du destin échouât dans son entreprise.

Pendant le passage de l'armée française en Prusse, elle fut nourrie par le moyen de réquisitions, dont la valeur devait entrer en déduction des sommes considérables dont le gouvernement prussien s'était reconnu débiteur envers la France, par les conférences d'Erfurth *. Aussi n'y avait-il alors aucune organisation dans l'armée. Ce fut à Wilna seulement que l'administration devint régulière. Mais comme un grand nombre d'employés avaient abandonné leur poste, soit

---

* Cette dette s'élevait à plus de cent quarante-un millions de francs.

avant, soit après le passage du Niémen, effrayés sans doute d'une expédition aussi hasardeuse, et contre laquelle mille préventions s'élevaient à la fois, on fut obligé de faire beaucoup de promotions nouvelles. Les commissaires ordonnateurs furent chargés de ce soin. Mais leurs choix furent en grande partie rejetés par les régisseurs généraux; ce qui prouve le peu de moralité des individus qu'on avait été forcé d'employer, et la disette d'hommes probes et capables pour remplir ces fonctions importantes.

On avait fait confectionner à Hambourg et à Dantzick environ quinze cents voitures, dont le mécanisme était fort ingénieux, et qui auraient pu devenir d'une grande utilité. Les quatre roues parallèles, celles de devant et celles de derrière, formaient avant-train; de manière que dans les chemins les plus difficiles, au moment d'une surprise, on pouvait rétrograder sans faire aucun mouvement, qui, en pareil cas et dans la confusion résultant d'une attaque imprévue, n'aboutit le plus souvent qu'à faire perdre un temps précieux, et à livrer à l'ennemi ce qu'on cherche à lui dérober par une prompte fuite. L'action rétrograde s'obtenait, indépendamment de l'inégalité du terrain, en déplaçant le timon pour le porter du devant sur le derrière. Ces voitures étaient traînées par des bœufs qu'on avait tirés de la Hongrie et de Prusse, et conduites par des hommes qui portaient l'uniforme des soldats du train, et qu'on avait surnommés les *Bouviers* de l'armée. Tout le convoi était destiné à porter des vivres et des effets d'équipement à l'armée. Mais une épizootie fit périr presque tous les bœufs, et aucune de ces voitures ne parvint à sa destination.

Jamais expédition plus hardie n'avait été entreprise ; jamais armée plus nombreuse, si ce n'est celle de Xerxès, n'avait été conduite par un seul homme. Mais cette armée innombrable et si belle, était appesantie par une quantité prodigieuse de voitures, de bagages et d'ouvriers de toute espèce et de tout âge. On comptait parmi ces derniers, non-seulement des boulangers et des maçons, dont l'utilité était incontestable dans une semblable expédition, mais des charpentiers, des cordonniers, des serruriers, des chaudronniers, des selliers, des tailleurs, etc., etc., sans y comprendre les ouvriers qui étaient attachés à chaque régiment. Comment ne pas croire que le chef qui traînait à sa suite tant d'hommes exerçant tant de professions différentes, n'eût le projet d'aller fonder des colonies dans quelques contrées lointaines?

Le comte Mathieu Dumas était intendant-général de l'armée; il avait sous ses ordres, en qualité de régisseurs-généraux des fourrages, des vivres-pain et des vivres-viande, MM. Aumont, Bajeux et Valet.

J'étais attaché à la 5ᵉ division de cuirassiers, commandés par le général Valence. Cette division se composait des 6ᵉ, 11ᵉ et 12 régimens, qui avaient pour colonels MM. le baron Martin, Duclos et Turnieux. Les généraux de brigade étaient le comte

Dejean, attaché au 11ᵉ régiment; le général Renaud, au 6ᵉ; et le général Lagrange, au 12ᵉ. La division qui faisait partie du 1ᵉʳ corps d'armée, sous les ordres du maréchal Davoust, forma l'avant-garde pendant tout le cours de cette campagne, contre l'usage de la grosse cavalerie.

L'armée passa le Niémen le 24 juin, sur trois ponts, que Napoléon fit construire pendant la nuit, à une demi-lieue environ au-dessus du village d'Alexioten, qui est situé vis-à-vis de Kowno. Le corps du maréchal Davoust passa le premier, parce qu'il devait se diriger à marches forcées sur Wilna.

De l'autre côté du fleuve, sont trois routes qui conduisent à Wilna. La principale, celle que suivit Napoléon, avec les corps de Murat et de Davoust, est la plus courte. Les deux autres côtoient la Willia, qui se jette dans le Niémen au-dessous de Kowno. L'embranchement de ces trois routes fut cause que plusieurs corps, qui n'avaient pas reçu d'indication suffisante, prirent une direction opposée à celles qu'ils auraient dû suivre. Un grand nombre de soldats, qui marchaient isolément, s'égarèrent et tombèrent au pouvoir de l'ennemi. On perdit de cette manière le grand parc d'artillerie de la 5e division de cuirassiers, dont on n'a jamais plus entendu parler. Il était commandé par le lieutenant Moriceau.

Le 28, Napoléon arriva à Wilna avec sa garde. L'armée russe n'avait encore opposé aucune résistance; elle se retirait en bon ordre, et sa contenance martiale indiquait assez qu'elle ne cédait pas à l'impulsion de la crainte, mais à des instructions sévères, et à des ordres impérieux.

L'empereur Alexandre ne quitta Wilna que trois heures avant l'entrée des Français; il avait assisté à un bal que donnait le général Beningsen dans son château de Zacrett, à une demi-lieue de la ville. A la nouvelle de l'approche des Français, chacun se sauva sans rien emporter; et les premiers soldats qui pénétrèrent dans le château, le trouvèrent comme on l'avait laissé; on eût dit que le bal n'était interrompu que depuis quelques instans.

Plusieurs officiers généraux russes, entre autres le colonel de Stargeskewitz, chef de la chancellerie et gouverneur de Wilna, avec lequel je me suis lié intimement, et qui m'a rendu des services particuliers, m'ont assuré qu'on avait proposé à l'empereur Alexandre de faire miner les principales maisons de la ville, où l'on supposait que Napoléon devait loger. Mais ce prince, aussi généreux que brave, repoussa cette proposition avec horreur.

Les habitans les plus notables de Wilna, et tout le clergé, abandonnèrent la ville à l'approche des Français. Les Juifs se trouvant alors en majorité, envoyèrent au devant de Napoléon une députation, qui le harangua, et lui remit les clés de la ville.

Il était bien temps d'arriver à Wilna! Depuis plusieurs jours on éprouvait une disette affreuse. Des pluies abondantes avaient rendu les chemins impraticables; on avait perdu beaucoup de chevaux; la seule route de Wilna était jonchée de plus de dix mille de leurs cadavres, qui y répandaient l'infection. Un grand nombre de soldats, épuisés par des fatigues et des privations trop prolongées, encombrèrent en arrivant les hôpitaux de cette ville, qu'on se hâta d'y établir.

Les Français n'entrèrent point en vainqueurs dans Wilna. Napoléon voulut en faire le centre de l'insurrection polonaise, et l'entrepôt des effets d'équipement; on donna en conséquence les ordres les plus sévères pour qu'elle fût respectée. Ces ordres furent suivis rigoureusement. Il est vrai de dire que ce fut la seule ville qui échappa à la rapacité du soldat. Quelques mois plus tard, au moment de la retraite, elle subit la commune loi, et fut pillée à son tour.

Pendant son séjour dans cette capitale de la Lithuanie, Napoléon passa une revue générale de ses troupes. Chaque jour il se promenait à cheval dans les rues au milieu des acclamations d'une population nombreuse, qui faisait retentir sur son passage les cris de *Vive l'Empereur des Français ! Vive le Grand* Napoléon !

Au milieu de cet enthousiasme, qui était plutôt le résultat de la crainte que l'effet d'un sentiment réel de dévoûment et d'affection, l'armée restait calme et silencieuse. La garde surtout, que l'habitude des conquêtes semblait avoir rendue impassible, ne manifestait d'autre sentiment que celui d'une obéissance aveugle.

On n'était encore qu'au début de la campagne, et déjà l'armée avait beaucoup souffert. On dut sentir alors combien il était difficile de conduire à travers un pays pauvre et mal peuplé, une armée aussi nombreuse, suivie d'un matériel immense. La grande quantité de voitures occasionait à chaque instant des encombremens, qui ajoutaient beaucoup aux fatigues des marches.

La maraude et la dispersion du soldat avaient commencé depuis la sortie de Prusse.

Ces deux graves inconvéniens se multiplièrent bientôt d'une manière effrayante; plus tard ils devinrent une nécessité. Lorsqu'un régiment avait épuisé ses provisions, il envoyait des détachemens chercher, à des distances souvent fort éloignées, les subsistances dont les hommes et les chevaux avaient un égal besoin. Les soldats qui ne pouvaient plus suivre, poussés par la faim, se jetaient dans les campagnes, et pillaient ce qu'ils ne pouvaient emporter. Ces désordres ne firent qu'augmenter l'indiscipline, et diminuèrent l'armée notablement. Souvent le nombre des traîneurs était si considérable, qu'on était obligé d'attendre plusieurs jours qu'ils pussent rejoindre leurs corps respectifs. On exigeait des chefs de corps qu'ils tinssent constamment un état exact des hommes présens; mais cette mesure était presque toujours sans résultat.

Ce qui contribua beaucoup à augmenter en peu de temps la pénurie des fourrages, c'est qu'il n'y avait pas un seul employé dans l'armée qui n'eût son cheval et sa voiture. Je suis sûr qu'il a été volé en Pologne plus de cent mille chevaux. Les dilapidations, les mesures violentes et vexatoires que les troupes françaises exercèrent dans ce pays, ne peuvent se comparer qu'à celles dont la Prusse avait été l'objet. Les seigneurs polonais nous disaient souvent : « Que feriez-vous « donc si nous étions vos ennemis ? »

En effet, il semblait que le pillage fût devenu pour le soldat un moyen de soulagement, une diversion nécessaire à ses fatigues, à ses privations de chaque jour. Vainement les habitans demandaient des sauve-gardes aux généraux, le soldat, réduit au dernier degré du désespoir ou du besoin, ne respectait ni les sauve-gardes, ni ses propres chefs. Davoust fit plusieurs fois fusiller des pillards pris en flagrant délit. Mais ces exemples de sévérité ne purent arrêter un désordre qui avait sa source dans le système militaire de Napoléon, dans un défaut absolu d'organisation, et surtout dans la plus impérieuse de toutes les lois, la nécessité.

Ainsi, pendant que l'armée française voyait affaiblir chaque jour sa force numérique et sa force morale, l'armée russe, disséminée au commencement des hostilités, se rapprochait, se concentrait, et devenait de jour en jour plus capable de résister à l'invasion; car dans ce pays rien n'est plus facile que de mettre sur pied en peu de temps des forces considérables. Par un simple ukase, l'empereur peut convoquer un cinquième ou un dixième de la population, et dans l'espace de vingt-quatre heures, l'ukase est mis à exécution. Chaque seigneur fournit son contingent de paysans slaves. Ces hommes, en quittant leurs foyers, poussent des cris lamentables; mais à peine ont-ils les cheveux coupés, à peine ont-ils revêtu l'uniforme militaire, qu'ils chantent et se livrent à une joie bruyante. Ils sont presque tous mariés. Les seigneurs profitent de ces occasions pour se débarrasser des plus mauvais sujets. Quoique vivant dans un état absolu d'esclavage, et asservis à des travaux pénibles et continuels, ces hommes sont tellement attachés à leurs foyers et à leurs habitudes, que lorsqu'un seigneur est mécontent d'un paysan, la simple menace de le faire soldat suffit pour le ramener à plus de régularité.

Le pays que l'armée parcourut depuis Wilna jusqu'à Smolensk, et depuis cette ville jusqu'à Moskou, est couvert de sapins d'une étendue immense, et où la hache n'a jamais pénétré; il est coupé par des marais fangeux, qu'on ne peut traverser qu'avec des fascines, et par des rivières souvent guéables, mais dont le lit est bourbeux, et sur lesquelles on était presque toujours obligé de faire jeter des ponts. Il arriva plus d'une fois en pareille circonstance que des détachemens de cavalerie, trompés par le peu de profondeur des eaux, tentèrent le passage, et perdirent des chevaux et des hommes.

Les routes sont trois fois plus larges que celles de France; elles sont bordées d'arbres et de fossés ; mais quand il pleut quelques jours de suite, elles sont impraticables, parce qu'elles ne sont pas ferrées.

La Russie étant mal peuplée, comparativement à son immense étendue, les villages sont situés à une grande distance les uns des autres. Cette disposition du pays forçait l'armée à bivouaquer; et quoiqu'on eût fait enlever de la vieille Prusse un grand nombre de bestiaux et de denrées, la rapidité des marches isolant les troupes de leurs ressources, elles étaient réduites à se les procurer par des moyens violens, toujours pénibles, souvent insuffisans. On serait tenté de croire que Napoléon, comptant sur sa fortune et sur la valeur de ses troupes, n'avait pas prévu les difficultés sans cesse renaissantes qu'il devait rencontrer dans des contrées si différentes de celles où il avait porté la guerre jusqu'alors. Il ne s'attendait pas à une résistance aussi opiniâtre que celle que les Russes lui opposaient sur tous les points. Il espérait qu'une seule affaire déciderait du sort de la Russie ; il ne soupçonnait pas même la possibilité des revers. Cette confiance aveugle, et l'imprévoyance qui en fut la suite, eut les plus funestes résultats. La soif ardente de s'enrichir, qui s'était répandue parmi les généraux, les administrateurs et les employés, ne fut pas non plus sans influence sur l'issue désastreuse de cette campagne.

Cependant les corps de Murat, Ney, Davoust, Eugène et la garde impériale, précipitaient leur marche sur Smolensk. Napoléon attachait beaucoup d'importance à la prise de cette ville, moins à cause de sa population que par les souvenirs historiques qui s'y rattachaient. Barklay de Tolly y avait rassemblé tous les moyens de défense dont il pouvait disposer. Il voulait, sinon empêcher les Français de s'en rendre maîtres, opérer du moins l'évacuation des riches magasins qu'elle contenait.

Smolensk, la première ville russe que l'armée rencontrait, est située sur le penchant d'une colline qui borde la rive gauche du Dniéper. Le premier corps, celui du maréchal Davoust, auquel j'étais attaché, fut chargé d'enlever les faubourgs. Il s'en rendit maître après un combat des plus acharnés qui dura près de trois heures. L'attaque, qui avait commencé sur toute la ligne, se prolongea jusqu'à dix heures du soir. On lança dans la ville des obus qui y mirent le feu, et pendant la nuit les bivouacs de l'armée furent éclairés par les flammes qui s'élevaient en tourbillons. Barklay profita de l'incendie et de la fatigue de nos troupes, pour se retirer en bon ordre; et lorsque nous pénétrâmes dans Smolensk, le lendemain matin, cette ville n'offrait plus qu'un amas de ruines, qu'une vaste solitude.

Notre perte dans cette journée fut d'environ douze mille hommes, tant tués que blessés. Celle des Russes fut à peu près égale.

Une partie des bâtimens que l'incendie avait épargnés fut destinée à former des hôpitaux; on y entassa les blessés. Mais les chirurgiens manquaient ; l'armée était en outre dépourvue d'objets pharmaceutiques; une partie de ces infortunés, réduits à attendre long-temps un premier pansement, privés d'alimens, et n'ayant pas même de la paille pour reposer leurs membres mutilés, et exténués par le besoin, gémissait en proie aux plus vives souffrances. Bientôt une épidémie, causée par l'infection des cadavres gisant autour de la ville, et jusque dans les maisons, moissonna la plus grande partie de ces tristes victimes des fureurs de la guerre.

Depuis Smolensk jusqu'à Moscou on découvre de vastes plaines qui, à cette époque, étaient encore couvertes, par intervalles, de riches moissons. Il y a beaucoup de taillis où croît une herbe épaisse, dont on fait du foin.

Les prairies y sont très-rares, ou plutôt il n'y en a aucune.

Pendant ce trajet, qui est de quatre-vingt-dix lieues au moins, l'armée vécut constamment de maraudes. Deux escadrons, l'un de guides, l'autre de dragons, étaient chaque jour employés à ce pénible et dangereux métier pour le service de la maison de Napoléon. Chaque régiment de cavalerie et d'infanterie envoyait également des détachemens pour le même objet.

Le premier corps forma toujours l'avant-garde jusqu'à Moscou; il était précédé par des réserves de cavalerie sous les ordres immédiats du roi de Naples, qui avait presque tous les jours des engagemens avec l'ennemi, et dans lesquels il déployait plus de témérité que d'habileté et de prudence. Il avait adopté un costume bizarre qui lui avait fait donner par les soldats le surnom de *Franconi*. C'était un mélange fantasque du costume d'Henri IV, et du costume espagnol et polonais. Il portait des bottines à talons, tantôt jaunes, tantôt rouges ou verts.

On assurait que l'empereur Alexandre avait fait publier à l'ordre du jour, dans toute l'armée, la défense expresse de tirer sur lui. Cependant comme il s'exposait avec une témérité extravagante, plusieurs fois les généraux russes eurent la générosité de le faire prévenir de veiller à sa propre sûreté.

L'armée française se trouvait déjà diminuée d'un tiers, soit par les divers combats qu'elle avait livrés, soit par les maladies, suite naturelle de la continuité des marches, des fatigues et des privations les plus dures.

Je n'ai pas la prétention de donner un itinéraire exact de l'armée, ni un journal circonstancié de ses opérations. Assez d'autres l'ont fait avant moi, et beaucoup mieux que je ne pourrais le faire. Ce n'est point comme militaire que j'écris, c'est comme observateur, comme témoin oculaire des faits que je rapporte.

Depuis le départ de Smolensk, Napoléon poursuivait l'ennemi avec une étonnante rapidité. L'armée marchait sur trois colonnes. Napoléon désirait depuis long-temps engager avec les Russes une affaire générale, et qu'il espérait devoir être décisive ; car il est constant que malgré l'affaiblissement notable de ses forces, malgré la résistance qu'il éprouvait, il n'avait pas perdu l'espoir de forcer l'empereur Alexandre à lui demander la paix.

Kutusow, le plus vieux des généraux russes, avait succédé au général Barklay de Tolly, dans le commandement en chef de l'armée. Ce général venait de terminer glorieusement la guerre avec la Turquie. Il jouissait d'une grande réputation militaire. Kutusow, soit qu'il eût ordre de protéger Moscou par tous les moyens possibles, soit qu'il fût jaloux de se mesurer avec le plus habile capitaine de l'Europe, se décida à attendre Napoléon entre Mojaïsk et Gjat, dans une position forte, qu'il rendit plus formidable encore par la construction de divers ouvrages.

De son côté, Napoléon se préparait à en venir aux mains. L'idée de livrer bataille à un général qu'il avait déjà vaincu à Austerlitz, le remplissait de joie. Il accorda deux jours de repos à ses troupes; et le 4 septembre, il continua sa marche en avant. Le 6, les deux armées étaient en présence. L'armée française s'élevait à cent vingt mille hommes environ; l'armée russe ne comptait que quatre-vingt-douze mille hommes de troupes régulières. La première avait cinq cent quatre-vingt-sept bouches à feu; la seconde plus de six cents.

Au point du jour, Napoléon fut instruit que l'ennemi avait conservé ses positions. A six heures du matin, il donna l'ordre de l'attaque, qui commença par une canonnade terrible dirigée contre une grande batterie que Kutusow avait fait construire entre la route de Moscou et le village de Séménowska, et contre trois rideaux qui s'élevaient entre le village et le bois de Borodino. Les redoutes, attaquées par des divisions de grosse cavalerie, furent prises et reprises plusieurs fois avec un acharnement égal de part et d'autre. Plusieurs officiers du 12e régiment de cuirassiers périrent dans ces attaques successives. Le colonel Martis, qui commandait l'artillerie légère, eut un bras emporté dès le commencement de l'action. Cet officier, aussi distingué par sa bravoure que par ses talens, avait en quelque sorte prédit le sort qui lui était réservé. Il éprouvait une répugnance extrême à faire cette campagne, dont il prévoyait l'issue malheureuse. La veille de la bataille, il disait à quelques officiers d'artillerie : « Je sacrifierais volontiers un de mes » membres pour avoir la liberté de me re-» tirer dans le sein de ma famille, car je » prévois que cette expédition nous devien-» dra funeste. » Le lendemain un boulet lui emporta un bras. On lui fit l'amputation, qu'il supporta avec un courage héroïque. Au milieu des souffrances les plus aiguës, son front calme et serein témoignait la satisfaction qu'il éprouvait intérieurement d'avoir un motif aussi légitime pour quitter l'armée dont il prévoyait la destruction.

Cependant on combattait de part et d'autre avec une égale valeur. Les Français étaient parvenus à s'emparer des redans et du village de Séménowska. Cet échec détermina Kutusow à renforcer la partie de sa position comprise entre la route de Moscou et la grande batterie. Cette précaution était d'ailleurs motivée par un mouvement qu'avait fait le prince Eugène pour se porter sur la rive droite de la Kalotcha, et s'emparer de la redoute. La division Morand fut chargée de cette opération. Le danger était imminent; mais l'ordre était donné, et il fallait obéir. Le général Morand se rend à la tente du général de brigade Bonami, qui commandait le 30ᵉ de ligne, et lui dit que Napoléon l'a désigné lui et son régiment pour tenter l'assaut de la batterie. Le général Bonami répond qu'il exécutera ponctuellement les ordres de Napoléon. Toutefois il fait observer que deux colonnes russes s'avancent vers cette redoute, et qu'un seul régiment ne saurait suffire pour s'en emparer. Le général Morand réplique que ce n'est pas le moment de faire des observations, et lui réitère impérativement l'ordre de commencer l'attaque.

« Vous le voulez, dit alors le général Bon-
» ami, je vais attaquer, mais j'y périrai avec
» mon régiment. »

L'ennemi faisait un feu violent d'artillerie. Le 30ᵉ de ligne s'avance l'arme au bras, et attaque la batterie avec tant de résolution, qu'il parvient à s'en emparer. Mais accablé par le nombre, et n'étant point secouru, il fut taillé en pièces. Le brave général Bonami, ayant eu son cheval tué sous lui, combattit à pied à la tête de son régiment. Il reçut vingt-sept coups de baïonnette, un entre autres dans la poitrine, qui mit long-temps sa vie en danger. Il ne dut son salut qu'à un officier russe qui, le prenant pour le roi de Naples, ordonna qu'on l'épargnât, et le fit transporter au quartier-général du prince Kutusow. Il survécut à ses blessures, et à la douleur d'avoir vu périr tout son régiment, à l'exception de quelques hommes, qui parvinrent à se faire jour et à joindre leur division. La batterie fut emportée par le 30ᵉ régiment de cuirassiers.

Le général Bonami avait servi sous Championnet, en qualité de général de brigade chef d'état-major. Étant tombé en disgrâce, il se retira dans la Vendée, près de Fontenay, où il épousa une demoiselle de noble extraction. Pendant un séjour qu'il fit à Paris, plusieurs années après, il voulut assister à une parade, et pour la voir de plus près, il mit l'uniforme de général. Napoléon l'apercevant, et ne le reconnaissant pas, s'avance vers lui, et lui demande qui il est. « Je suis le général Bonami. — Êtes-vous en activité? — Non, sire. » Quelques jours après il reçut le brevet de général de brigade, commandant le 30ᵉ régiment de ligne.

L'acharnement avec lequel on se battait depuis plus de douze heures avait épuisé les deux armées. La nuit vint étendre ses voiles sur ce champ de carnage et de désolation....

Les Russes opérèrent leur retraite sur Moscou, et les Français restèrent maîtres du champ de bataille!

Cette journée, la plus sanglante dont les annales militaires fassent mention, coûta aux deux armées plus de 70,000 hommes tués ou blessés. Les pertes furent à peu près égales de part et d'autre, avec cette différence toutefois, que le nombre des hommes tués fut plus considérable du côté des Russes.

La bataille de la Moskowa, appelée par les Russes la bataille de Borodino, aurait pu être décisive. Mais on ne sut pas profiter des fautes de l'ennemi. Napoléon fut dans cette circonstance au-dessous de sa réputation. Au lieu de ces qualités brillantes qu'il avait déployées jusqu'alors sur tant de champs de bataille, et par lesquelles il semblait commander à la victoire, il ne montra que de l'apathie et de l'hésitation. On eût dit que la fortune l'abandonnait. Quand il était consulté par un de ses maréchaux, il ne savait à quel parti se décider, et ne donnait que des ordres tardifs. Il en résulta que les opérations furent mal concertées, et les succès plus chèrement achetés. Il régnait d'ailleurs dans l'armée une si grande confusion, que des troupes légères chargèrent un régiment de cuirassiers saxons, qu'elles prirent pour des cuirassiers russes.

Une stupeur affreuse succéda pour les Français à des scènes de carnage.... Jamais défaite n'avait coûté tant de sang, et n'avait produit des fruits aussi amers qu'une pareille victoire. Nos troupes passèrent la nuit sans feu, épuisées de fatigues, tourmentées par la faim, au milieu des morts et des mourans.

Le lendemain l'armée s'éloigna du champ de bataille, et ce ne fut que quatre jours après qu'elle se porta de nouveau en avant. Ce mouvement rétrograde était devenu nécessaire à cause du désordre qu'avait occasioné la bataille, et du défaut de munitions qui se trouvaient en arrière de plusieurs journées, notamment celles de la garde impériale.

Cette élite de l'armée ne prit aucune part à la bataille de la Moskowa. Et c'est encore une faute qu'on a justement reprochée à Napoléon; car il est démontré qu'on aurait pu tirer un parti immense de cette masse imposante.

Le champ de bataille était jonché de cadavres dans une étendue de plus de deux lieues. La situation respective des deux armées ne permit pas d'enlever les blessés. On fit très-peu de prisonniers russes. Les blessés français qui purent gagner les ambulances de leurs corps, furent transportés à Mojaïsk, où l'on établit provisoirement les hôpitaux. Mais combien y en eut-il qui, trop grièvement blessés pour rejoindre, expirèrent misérablement sur le champ de bataille !

J'eus occasion de traverser, quatre jours après, ce théâtre sanglant des fureurs de la guerre, et je frissonnai d'horreur à la vue du spectacle qui s'offrit à mes yeux. J'aperçus des blessés russes et français, la plupart horriblement mutilés, qui, poussés par la faim, étaient parvenus à se traîner avec des efforts inouis, auprès des cadavres des chevaux, et en dévoraient en commun les chairs déjà corrompues. Plusieurs officiers et employés de l'administration ont été témoins comme moi de ce spectacle hideux, que je ne puis me rappeler sans frissonner encore.

Napoléon ordonne à Murat de se mettre à la poursuite des Russes, et de s'établir à deux lieues au-delà de Mojaïsk; mais ses intentions ne peuvent être remplies. Un combat assez vif s'engage entre Murat et Platow, qui couvrait cette ville avec l'arrière-garde russe. Le roi de Naples fut repoussé, et perdit dans cette affaire plusieurs officiers du plus grand mérite, entre autres le colonel Daubonne, de Besançon, qui avait succédé dans le commandement de l'artillerie de la 5e division, au colonel Maltes, emporté quelques jours auparavant, par un boulet, en faisant placer des pièces en position. Le colonel Maltes avait, comme le brave Martis, dont j'ai parlé plus haut, le pressentiment du sort qui l'attendait. « Je ne reverrai » pas la France, disait-il souvent, ni ma » femme, ni mes enfans; je mourrai comme

» tant d'autres de mes malheureux compa-
» triotes, dans les champs de la Russie. »
Combien j'ai entendu d'officiers et de soldats
exprimer les mêmes regrets et les mêmes
prédictions, et maudire l'auteur de cette
guerre désastreuse !

Ce ne fut que le 9 septembre, que l'avant-
garde française s'empara de Mojaïsk. Napoléon y fit transporter aussitôt son quartier-
général. Cette ville n'éprouva que quelques
incendies partiels, qui causèrent peu de ravages. On y trouva plus de dix mille blessés
russes qui encombraient les maisons et les
églises. On chassa ces infortunés pour faire
place aux blessés français, qui arrivèrent en
foule, et cette mesure, commandée par la nécessité, fut cause qu'ils expirèrent presque
tous en proie aux plus horribles souffrances,
et dans un dénuement absolu.

Napoléon s'arrête quelques jours à Mojaïsk. Ce repos, utile à son armée, lui était
personnellement nécessaire pour se guérir
d'un rhume dont il était fortement incom-

modé. Sa garde bivouaqua dans les environs. L'avant-garde, qui n'était encore qu'à sept lieues au-delà de Mojaïsk, reçut également l'ordre de séjourner.

Cependant Kutusow opérait sa retraite en bon ordre sur Moscou. Le 12, il feignit de vouloir prendre position à trois lieues des retranchemens, afin de persuader à Napoléon que son intention était de livrer une seconde bataille. Mais le 13, il traversa Moscou, pour se retirer sur Kolomna, après avoir eu avec le général comte Rostopchin, gouverneur de cette capitale, une entrevue, dans laquelle la destruction de Moscou, reconnue utile au salut de la patrie, et déjà préparée d'avance, fut résolue.

Cette nouvelle ne fut pas plus tôt connue dans Moscou, qu'elle y produisit une consternation et un désordre inexprimables. Les rues étaient remplies d'une foule d'habitans qui fuyaient, emportant ce qu'ils avaient de plus précieux, et de soldats russes qui effectuaient leur retraite dans la direction suivie par Kutusow.

Le comte Rostopchin fit distribuer à des soldats de police des matières incendiaires qu'il avait fait préparer dès le mois de juillet, par un hollandais nommé Smidt, avec ordre de rester déguisé dans Moscou, et d'y mettre le feu aussitôt qu'il serait au pouvoir des Français. Il prit en même temps la précaution de faire enlever toutes les pompes et autres secours contre les incendies. Des forçats reçurent la liberté, à condition qu'ils concourraient à la destruction de cette antique capitale.

Le 14, à une heure, Murat n'était plus qu'à une demi-lieue de Moscou. A trois heures il pénétrait dans sa vaste enceinte. Les Français s'étaient attendus à trouver une cité populeuse; ils ne virent qu'une affreuse solitude. Quelques marchands étrangers, quelques individus des dernières classes du peuple, formaient toute la population de Moscou. Cet aspect silencieux et morne inspira de la défiance à Murat ; il craignait que les Russes ne lui eussent dressé quelque embûche, et il ne s'avança qu'avec les plus grandes précautions. Aussi ne fut-ce qu'à sept heures du soir qu'il eut traversé Moscou. On plaça des postes à toutes les barrières, afin d'empêcher les soldats de se répandre dans la ville. Cette mesure prise, il ne fut plus permis à personne d'y pénétrer; de cette manière, plus de vingt-cinq mille employés ou militaires restèrent hors des portes pendant cinq jours, obligés d'acheter, à un prix exorbitant, des soldats de la garde, qui seuls avaient la faculté d'entrer et de sortir, tout ce dont ils avaient besoin pour leur subsistance.

Le maréchal Mortier, après avoir, à l'exemple de Murat, poussé des reconnaissances dans différentes directions, fit bivouaquer ses troupes dans l'intérieur de la ville et dans le voisinage du Kremlin.

Pendant que Murat et Mortier exploraient ainsi, avec toutes les précautions de la prudence, cette cité déserte, qui bientôt ne devait plus offrir qu'un vaste amas de ruines, Napoléon attendait à l'une des portes qu'une députation vînt lui remettre les clefs de Moscou, et implorer sa protection. Cet hommage, auquel ses conquêtes l'avaient accoutumé, plaisait à son cœur ambitieux. Cette fois pourtant sa vanité fut déçue. On lui amena quelques marchands étrangers, qui lui promirent obéissance et fidélité; mais il leur tourna le dos brusquement, et entra aussitôt dans le faubourg, où il établit provisoirement son quartier-général. Le lendemain, il prit possession du Kremlin.

Il avait été défendu aux troupes, sous les peines les plus sévères, de se livrer au pillage; mais cette défense fut enfreinte dès la première nuit. Les officiers eux-mêmes donnèrent l'exemple de la désobéissance. Bientôt des incendies partiels éclatèrent sur divers points; on y fit d'abord peu d'attention; mais quand on vit qu'ils se multipliaient avec une effrayante rapidité, que déjà le Bazar, la Bourse et la Banque étaient la proie des flammes, on ne douta plus que ces incendies ne fussent prémédités, et la consternation s'empara de tous les esprits. Napoléon en témoigna la plus vive douleur.

Les ravages des flammes allaient toujours croissant. Un vent impétueux, qui s'éleva dans la matinée du 16, rendit l'incendie général; il ne s'arrêta que le 20; mais alors les neuf dixièmes de Moscou avaient disparu.

Napoléon fut obligé de quitter le Kremlim le 16 au soir; il se réfugia dans le château impérial de Paterskoé, à une demi-lieue de la ville, sur la route de Saint-Pétersbourg.

Les premiers incendiaires que l'on surprit en flagrant délit furent tués sur la place; les autres furent livrés à une commission militaire, et pendus à des poteaux sur la Place-Verte. Ils déclarèrent tous qu'ils n'avaient agi que d'après les ordres du comte Rostopchin.

Le Kremlin, préservé par son enceinte,

était resté intact. Napoléon revint s'y établir dans la journée du 20.

On trouva dans Moscou des provisions immenses qui étaient entassées dans les caves, à l'abri des ravages du feu. Ces provisions consistaient en farine, sucre, café, eau-de-vie, poisson salé et champignons, dont le peuple fait sa principale nourriture. Si ces denrées eussent été réparties entre les différentes divisions de l'armée, on eût évité la disette affreuse qui contribua d'une manière si déplorable à accélérer sa destruction. Mais la désorganisation et le pillage empêchèrent toute mesure administrative à cet égard. Plus d'une fois l'intendant-général voulut employer la force armée pour conserver des magasins précieux; ses efforts furent inutiles, il ne put se faire obéir.

Les soldats, exténués de besoins, ne songeaient qu'à jouir du présent. Ils se livrèrent au pillage et à toutes sortes d'excès; mais un grand nombre furent victimes de trop de précipitation. Plus de six mille périrent étouffés par les flammes dans des caves dont les maisons, préservées d'abord, furent ensuite incendiées.

Après avoir été arrêté plusieurs jours aux portes de la ville, je pus enfin y entrer, et je m'établis avec M. Lecomte, inspecteur des forêts, dans des écuries en pierre qui étaient restées debout après la destruction du bâtiment dont elles faisaient partie. Comme il n'entrait point dans mes goûts de me procurer les moyens d'existence par la violence ou par des recherches périlleuses, j'eus beaucoup de peine à vivre. Le pain et la viande étaient très-rares et se vendaient fort cher.

Moscou avait été abandonné de ses nombreux habitans; mais ceux des villages environnans étaient presque tous restés dans leurs foyers. Napoléon envoya des commissaires dans ces villages pour engager les paysans russes à apporter leurs denrées à Moscou deux fois par semaine comme par le passé, en leur assurant qu'elles leur seraient bien payées; il donna ordre en même temps de sonner chaque jour toutes les cloches des églises que l'incendie avait épargnées, pour faire croire à ces bons villageois que le culte n'était point interrompu. Ce moyen de déception aurait pu réussir s'il eût été accompagné de toutes les précautions convenables. Déjà plusieurs habitans des campagnes, abusés par ces promesses fallacieuses, se rendaient à Moscou avec des voitures chargées de foin, de paille et de provisions de bouche. Mais qu'arriva-t-il? Au lieu de payer, comme on l'avait promis, ce qu'ils apportaient, on s'emparait de leurs chevaux et de leurs voitures, et on les renvoyait après les avoir maltraités. Ces braves gens, indignés d'une conduite aussi déloyale, retournèrent dans leurs villages et ne revinrent plus. Ils exaspérèrent les autres habitans contre les Français, en leur faisant un tableau effrayant des mauvais traitemens qu'ils avaient éprouvés, et surtout en les représentant comme des impies qui n'avaient pas craint de profaner les églises en y mettant leurs chevaux.

Depuis ce moment les paysans russes devinrent des ennemis acharnés à notre perte. Ils s'armèrent, massacrèrent les soldats isolés, et attaquèrent souvent les détachemens qui chaque jour étaient obligés d'aller chercher des fourrages. Ces dispositions hostiles de la part des habitans des campagnes furent surtout funestes aux corps qui étaient bivouaqués dans les environs de Moscou. La disette, qu'ils commençaient déjà à éprouver, se fit dès lors sentir de plus en plus; la plupart des chevaux succombèrent à l'excès des fatigues et des privations; plus de dix mille périrent en fourrageant.

Le maréchal Davoust, blessé à la bataille de la Mojaïsk, était logé sur la Place-Verte, dans un hôtel que l'incendie n'avait pas atteint. Napoléon l'allait voir souvent à cheval et suivi d'une nombreuse escorte : il ne négligea jamais aucune des précautions qu'il jugeait nécessaires à sa sûreté. Pendant le trajet de Wilna à Moscou, il lui arriva fréquemment de faire donner de fausses alertes non loin des lieux où il se trouvait, afin de s'assurer qu'il ne courait aucun danger. Les dragons de sa garde, dans une de ces alertes, hésitaient de monter à cheval; le colonel Rateau alla sur eux à coups de sabre. J'étais présent. Il revint, et me dit : « Ces b.....-là ne se bat-» traient pas ! » J'avais fait connaissance avec cet estimable officier dans un bivouac. Napoléon ne se confiait qu'à sa garde; elle seule faisait le service au Kremlin ; et quand il sortait, il était toujours environné d'un fort détachement.

Les soldats trouvèrent à Moscou une quantité prodigieuse de pièces de monnaie appelées *Copecks ;* elles sont d'un excellent cuivre, très-lourdes et très-bien frappées. Il y aurait un très-grand avantage à les réduire en barres et à les vendre comme métal; mais ce genre de fraude n'est pas connu en Russie. Nos soldats les ramassaient et cherchaient à les échanger, soit contre des provisions, soit contre des pièces de monnaie moins difficiles à transporter. On trouva aussi beaucoup de zinc, composition qui sert à la soudure des métaux ; il avait la forme d'argent en barre, et portait une empreinte absolument semblable au contrôle que les marchands d'or et d'argent de Paris donnent à leurs lingots. Toute l'armée, séduite par cette ressemblance trompeuse, prit ce zinc pour de l'argent. Il s'établit aussitôt des maisons de change; le marc se payait dix-huit francs de notre monnaie.

Une autre découverte excita vivement la cupidité du soldat. Il y a dans presque toutes les maisons des Russes des cadres renfermant des reliques ou images des saints. Chaque famille a son saint, auquel elle rend un culte particulier, et dont elle possède l'effigie, soit en or, soit en argent, soit en cuivre doré, selon la fortune. Les militaires français, pendant le pillage, négligeaient souvent les choses de première nécessité pour s'emparer de ces figures qu'ils croyaient d'une grande valeur; mais les plus précieuses avaient été enlevées, et il ne restait plus que les images de cuivre doré. Cependant on ne s'en aperçut pas tout de suite, et plusieurs spéculateurs payèrent fort cher l'erreur qui avait séduit leur cupidité.

Au milieu des vastes bâtimens dont se composait le palais du Kremlin, s'élevait une tour antique, surmontée d'une croix énorme, appelée la croix d'Ivan. Napoléon, qui la croyait d'or massif, la fit enlever avec beaucoup de peine et de risques. Quand elle fut descendue, on découvrit qu'elle n'était pas d'or. Il affecta de n'en être pas surpris, et dit qu'il n'avait le projet de l'emporter que pour laisser à la postérité un gage de son expédition.

Il témoigna aussi l'intention de faire conduire en France une cloche d'une dimension extraordinaire, qui était enfoncée en terre dans une des cours du Kremlin, depuis un incendie qui avait failli réduire en cendres ce superbe édifice. Il fut proposé à ce sujet une soumission au rabais, laquelle fut adjugée, ainsi que le transport d'une quantité considérable de sel, à M. N***, qui avait suivi l'armée, comme tant d'autres, par spéculation. Cette opération devait avoir lieu aussitôt que le traînage serait établi.

Le Kremlin, cette antique et magnifique résidence des Czars, renfermait des trésors immenses : tous les objets du sacre des empereurs, enrichis de diamans, et les ornemens sacerdotaux de la métropole. Napoléon espérait bien sans doute s'emparer d'un si riche butin; mais tout avait été transféré à Kazan, où le sénat russe s'était retiré, et où il siégea pendant toute la durée de la guerre.

L'édifice des Enfans-Trouvés, situé près du Kremlin, avait été préservé de l'incendie par les soins de M. Gazo, sous-directeur des convois militaires de l'armée*. Lorsque le Kremlin sauta, l'explosion fut si terrible, qu'elle renversa une grande partie de cet utile établissement.

Le sénateur russe qui en était le directeur ne voulut pas l'abandonner. Seulement

---

* Voir le Mémoire ci-après.

il eut soin de faire mettre en lieu de sûreté des valeurs considérables en or, en argent et en papier qui y étaient en dépôt.

Il y avait à Moscou une troupe de comédiens, composée en grande partie d'acteurs français, sous la direction de Mme Éléonore Burcet. Cette actrice, qui devait sa fortune au gouvernement russe, était alors âgée de quarante-cinq ans ; elle avait été fort jolie. Ce fut elle qui donna au maréchal Duroc les noms des acteurs qui avaient quitté Moscou à l'approche des Français, et les moyens de découvrir les lieux où ils s'étaient retirés. De ce nombre était le nommé Saint-Vert, acteur du théâtre de Saint-Pétersbourg, et originaire de Nancy. Il vivait retiré à Moscou depuis quelques années, avec une pension de dix-huit cents roubles que lui faisait l'empereur de Russie. Il avait en outre une quarantaine de mille roubles, fruit de ses économies, qu'il avait placés chez des seigneurs russes. Saint-Vert était un homme estimable. Il s'était fait constamment remarquer par la sévérité de ses mœurs et la régularité de sa conduite. Il conservait un respect religieux pour la mémoire de l'infortuné Louis XVI, et ne dissimulait pas la haine qu'il portait à Napoléon.

Saint-Vert fut désigné au chef de l'armée française comme un acteur dont on ne pouvait se passer, et il reçut l'ordre de faire partie de la troupe. On lui assigna un traitement de quatre mille francs, dont le premier trimestre lui fut payé d'avance. Au moment de la retraite, on le força de suivre l'armée française.

Madame Burcet fut autorisée à ouvrir son théâtre; mais comme la salle ordinaire de spectacle avait été la proie des flammes, on lui donna une salle particulière dans une vaste maison appartenant à un seigneur russe, où l'on joua pendant le séjour des troupes françaises à Moscou. Mais bientôt cette salle déplut à Napoléon, parce qu'elle ne lui paraissait pas assez sûre, et il destina à cet objet la salle du trône dans le Kremlin;

il fit commencer en conséquence tous les travaux nécessaires ; ils étaient entièrement terminés, lorsque l'armée fut obligée de quitter Moscou. Une compagnie de sapeurs détruisit en peu d'heures l'ouvrage de plusieurs jours, et il ne resta de cette superbe salle que des débris et des ruines; les antiques ornemens dont elle était décorée, nobles et précieux souvenirs de la majesté des Czars, tombèrent sous les coups de la hache.

Au moment de la retraite, tous les comédiens suivirent l'armée, et presque tous périrent misérablement. Saint-Vert, fait pri-prisonnier par les Russes, après avoir perdu tout ce qu'il possédait, fut conduit devant le prince Kutusow, qui lui fit l'accueil le plus obligeant, écouta avec bonté le récit des privations qu'il avait éprouvées, et lui fit compter deux cents roubles. Il mourut quelques temps après à Resen, après une courte maladie, pendant laquelle je lui prodiguai tous mes soins. Lorsqu'on voulut l'ensevelir, j'aperçus, suspendue à son cou, une médaille d'argent portant l'effigie de Louis XVI, avec cette inscription : *Louis XVI, Roi de France et de Navarre*, né le...., couronné le...., et assassiné le 21 janvier 1793.

J'appris, pendant mon séjour à Moscou, que la plupart des Français résidant dans cette capitale y avaient formé des établissemens; mais que la conduite suspecte de plusieurs d'entre eux, au moment de l'ouverture de la campagne, avait forcé le gouvernement russe à les surveiller. Des mesures plus rigoureuses avaient été bientôt jugées nécessaires, et un assez grand nombre, enlevés de leurs domiciles, avaient été conduits sous escorte dans le gouvernement de Semberki, sur les confins de l'Europe, où ils sont restés comme prisonniers d'État jusqu'en 1814. Cependant leur fortune fut respectée; leurs femmes, celles qui avaient des établissemens de commerce, furent fort protégées, et purent continuer à exercer librement leur industrie. Mais à l'arrivée des Français, elles se présentèrent comme d'innocentes victimes de leur attachement à Napoléon. Une dame Aubert fut la première qui, oubliant tout ce qu'elle devait au gouvernement russe, s'empressa de manifester hautement son enthousiasme pour le conquérant. Cette femme, dont le mari avait été déporté à Samberki, possédait un des plus beaux magasins de l'Europe en objets de curiosité et en porcelaines de Sèvres et de la Chine ; elle avait amassé une fortune considérable. Pendant le séjour des Français à Moscou, elle témoigna la joie la plus vive, et logea chez elle les généraux de Lagrange, dont l'un était, à cette époque, général de brigade commandant le douzième régiment de cuirassiers, et l'autre, aide-de-camp de Napoléon. Au moment du départ, elle réalisa une somme d'environ 30,000 francs, et suivit l'armée dans sa retraite. Mais, quoiqu'elle accompagnât l'état-major, elle fut pillée par les Français eux-mêmes, et ensuite faite prisonnière par les Russes. J'appris, pendant mon séjour en Russie, qu'elle avait péri misérablement, ainsi qu'un enfant encore jeune qu'elle avait emmené avec elle.

Une dame Prévôt, marchande de modes à Moscou, également Française, et mère de cinq enfans, poussée, comme madame Aubert, par un enthousiasme irréfléchi, voulut suivre aussi l'armée française, et n'eut pas un sort plus heureux. Elle mourut de misère et de froid, ainsi que ses cinq enfans.

J'ai dit que Murat, après être entré le premier dans Moscou, s'était avancé sur la route de Rezan et y avait pris position. Il avait sous ses ordres toute la grosse cavalerie, plusieurs régimens d'infanterie du premier corps, et quelques régimens de cavalerie légère. Ces divers corps approchaient d'une entière destruction. Hommes et chevaux étaient réduits aux privations les plus dures. Entouré de ravins et de bois, Murat était continuellement harcelé par les cosaques, et obligé, quand sa cavalerie allait aux fourrages, de la faire protéger par de l'infanterie et du canon.

Un jour, qu'il accompagnait lui-même les fourrageurs, il tomba dans une embuscade, et faillit être fait prisonnier. Sa cavalerie s'était avancée à une distance assez considérable, protégée, selon l'usage, par un détachement d'infanterie et trois pièces de canon. Des cosaques vinrent l'attaquer, et il s'ensuivit une légère escarmouche. La cavalerie française continuait de se porter en avant, lorsque tout-à-coup plusieurs corps d'infanterie russe débouchèrent dans la plaine des deux côtés opposés. Surprise par cette attaque imprévue, notre cavalerie ne put opposer qu'une faible résistance, et fut mise en pleine déroute.

Les Français blessés dans cette rencontre furent conduits à Moscou par MM. Lecomte, commissaire des guerres adjoint, et Lavallée, aide garde-magasin au 1er régiment de cuirassiers. Ces malheureux, arrivés à Moscou, restèrent près de vingt-quatre heures dans les rues et dans les charrettes qui avaient servi à les transporter, avant de pouvoir être admis dans un hôpital. Lorsqu'ils purent enfin jouir de cette triste faveur, la plupart avaient succombé à l'excès de la douleur, de la fatigue ou du besoin.

La cavalerie de la garde était la seule de toute l'armée qui fût encore nombreuse et qui eût des chevaux en bon état. Dans les autres corps elle était réduite presque de moitié. Dans le corps de Murat particulièrement, les divisions, qui étaient composées dans le principe de trois régimens de mille à douze cents hommes chacun, formaient à peine, à cette époque, cinq cents hommes.

Napoléon avait fait venir à Moscou six mille blessés qui étaient restés dans les hôpitaux de Mojaïsk. Au moment de la retraite, il fut enjoint à chaque employé de l'armée, qui avait une voiture, de prendre avec lui un ou deux blessés. Tous ceux qui se trouvaient dans ce cas devaient se faire inscrire chez le général Vaublanc, sous peine d'une punition sévère. Mais cette mesure ne fut point exécutée; et ces infortunés, abandonnés à Moscou, après le départ de l'armée, ont tous péri, victimes de l'explosion du Kremlin ou de la vengeance des habitans des campagnes, qui, attirés par l'espoir du pillage, accoururent en foule, et immolèrent impitoyablement tous les Français qui n'avaient pu suivre l'armée.

Napoléon, soit pour cacher sa détresse, soit pour dérober à l'ennemi la connaissance de ses véritables projets, avait fait mettre à l'ordre du jour que tout militaire eût à faire des provisions de légumes, afin de passer l'hiver à Moscou. Les cosaques s'avançaient tous les jours jusqu'aux portes de la ville, et inquiétaient les détachemens qui allaient aux fourrages. Napoléon était obligé d'envoyer des corps de sa garde pour leur donner la chasse et faciliter les approvisionnemens. Dans ces expéditions, le colonel Rateau, dont j'ai déjà parlé, fut attiré dans une embuscade. Il avait trois cents dragons, et, ne voyant devant lui que cent cinquante cosaques qui avaient l'air de battre en retraite, il continua de s'avancer, et se trouva bientôt cerné par deux mille cosaques sur la route de Moscou à Smolensk. Il fut fait prisonnier, après avoir perdu là presque tout son monde, et refusé de se rendre à plusieurs sommations. Il était couvert de blessures, dont il mourut peu de jours après. Son régiment, qui ignorait la perte qu'il venait de faire, et qui ne le croyait que prisonnier, lui envoya douze cents francs. Cette somme fut remise au prince Kutusow le lendemain de la mort de ce brave officier. Le prince renvoya l'argent au corps qui le lui avait adressé, en lui donnant connaissance de l'événement. Cet officier-général fut également regretté des Russes et des Français.

Napoléon, qui n'avait pas perdu l'espoir d'amener Alexandre à des négociations, voyant qu'aucune circonstance favorable ne se présentait, se décida enfin à envoyer à Kutusow le général Lauriston, l'un de ses aides-de-camp, avec une lettre pour l'empereur Alexandre, laquelle contenait des propositions de paix et l'offre de lui envoyer son aide-de-camp à Saint-Pétersbourg pour en traiter.

Le départ du général Lauriston pour le quartier-général de Kutusow, eut lieu le 4 octobre. Le prince russe adressa à son souverain la lettre de Napoléon. Mais celui-ci attendit vainement une réponse pendant plusieurs jours.

Napoléon s'était abusé sur les intelligences qu'il pouvait avoir en Russie; il en avait, et j'en ai eu la certitude. Mais ce ne fut qu'après la campagne de 1812, que le ministre de la police de Saint-Pétersbourg découvrit quelques fils de l'espèce de conspiration qui existait depuis long-temps dans le sein de l'empire russe. On assurait, à la fin de 1812, qu'Alexandre avait aliéné par ses déférences et ses liaisons avec Napoléon la plus grande partie du sénat de Russie et de la noblesse, qui est toute-puissante; et on ajoutait que s'il n'eût pas repoussé Napoléon, il aurait partagé le sort de son père. Il est certain que des considérations de ce genre déterminèrent Napoléon à susciter des troubles en

Russie. Il comptait sur la division de l'empereur et des grands, et sur le mécontentement des paysans russes, auxquels on promettait la liberté. Mais le danger rallia tous les esprits à la cause nationale, et la conduite admirable d'Alexandre, sa fermeté, sa magnanimité, sa bonté, lui ramenèrent le cœur de tous ses sujets. Du reste on regarde comme certain qu'il avait existé des intelligences entre Napoléon et des Français établis en Russie, et même entre son cabinet et le secrétaire intime de l'empereur Alexandre, nommé Speranski, homme en qui ce prince avait la plus grande confiance. Le chef de cette espèce de trame s'appelait Milivier; c'était un médecin français, établi à Moscou depuis vingt ans, et qui y avait fait une grande fortune. Ce Milivier avait fait plusieurs voyages de Russie en France, vraisemblablement pour se concerter avec Napoléon, et l'engager de plus en plus, par ses raisonnemens artificieux, à effectuer son expédition. Il a accompagné Napoléon pendant toute la campagne, en lui

SUR L'EXPÉDITION DE RUSSIE.

donnant l'assurance qu'aussitôt qu'il paraîtrait devant Moscou, n'eût-il que cinquante mille hommes, la Russie serait soumise, et que les paysans russes se soulèveraient contre leurs seigneurs. Ces intelligences n'ont été découvertes qu'en 1813, par le ministre de la police de Saint-Pétersbourg; plusieurs des prévenus ont été arrêtés, notamment Speranski, qui fut exilé en Sibérie ; l'évêque de Resan fut également compromis dans cette affaire, et exilé dans son évêché; on l'accusait principalement d'avoir fait imprimer des écrits, et d'avoir prêché dans un sens contraire au gouvernement. En 1814, l'empereur de Russie, par un ukase, a amnistié tous les individus, tant français que russes, qui avaient été compromis à cause de l'invasion des Français; nouvelle preuve de la clémence et de la générosité de ce monarque !

Napoléon enfin, jugeant que toute espérance de paix était désormais chimérique, se décida à commencer sa retraite.

Le 13 octobre, à huit heures du soir,

troupes cantonnées à Moscou firent un mouvement dans la direction de Kalouga. Mortier, ayant la jeune garde sous ses ordres, fut chargé de défendre Moscou; mais le surlendemain il suivit l'armée, et lui servit d'arrière-garde.

L'effectif des troupes françaises, à leur départ de Moscou, était de 123,000 hommes. Je tiens cette évaluation incontestable d'un garde-magasin qui fut chargé de faire la distribution des eaux-de-vie à toute l'armée, pendant un mois, à raison de trois rations par jour.

Il est constant que le projet de Napoléon était de se diriger sur Toula et Kalouga, qui sont les greniers de la Russie; il ne tombe pas sous le sens qu'il pût songer à retourner par la route que son armée avait suivie en venant; il savait que cette route était aride et dévastée; que les campagnes qu'il traverserait étaient sans fourrages, et les villes couvertes de ruines encore fumantes. Ce qui achève de confirmer cette opinion, c'est qu'on avait passé un marché avec une compagnie de Juifs, qui s'étaient engagée à assurer les subsistances de l'armée jusqu'à Wilna, en passant par Kalouga et Toula, et laissant sur la droite Smolensk et tout le pays dévasté.

Depuis long-temps j'épiais avec anxiété l'occasion d'abandonner une armée dont je pressentais la perte et les malheurs. Malgré les égards avec lesquels j'étais traité par les employés de l'administration, dont les fonctions étaient supérieures aux miennes; malgré les témoignages flatteurs d'estime et de considération que me prodiguèrent constamment, dans mes rapports avec eux, les généraux Valence, Lagrange, Dejean, Renaud, je sentais que je n'étais point à ma place dans une armée qui ne combattait que pour assouvir l'ambition d'un despote. La nécessité m'avait entraîné de force sous les drapeaux de Napoléon; mais je ne pouvais oublier que j'avais eu une autre bannière, et cette pensée revenait sans cesse se placer dans mon cœur. Je résolus donc d'abandonner Napoléon et sa fortune.

Ce fut à Boroska que j'en trouvai l'occasion. Ayant été obligé de rétrograder afin qu'on ne me prît pas mes chevaux pour le service de l'artillerie, j'arrivai dans un village situé à quelque distance de cette ville, et où se trouvaient un grand nombre d'employés, de cantiniers et de traîneurs.

Pendant la nuit, des soldats polonais mirent le feu à plusieurs maisons. Guidés par la lueur de l'incendie, deux régimens de cosaques s'avancèrent dans cette direction, et firent un *houra* à quatre heures du matin. Chacun chercha, mais inutilement, son salut dans la fuite; nous fûmes tous faits prisonniers. Au milieu du désordre produit par cette surprise, je reçus d'un cosaque un coup de lance dans le côté gauche.

Ces deux régimens de cosaques étaient commandés par le prince Kutacheff, gendre du prince Kutusow. Je fus conduit à cet officier; il parlait très-bien français. Il m'adressa plusieurs questions, auxquelles je répondis avec beaucoup de franchise. Pendant cet entretien, qu'il paraissait prendre plaisir à prolonger, je lui demandai comme une faveur d'être conduit au prince Kutusow son beau-père. Il m'y accompagna lui-même, après m'avoir fait remettre ma voiture et mes chevaux. Comme les cosaques ne m'avaient laissé que mes vêtemens, je m'estimai fort heureux de retrouver mes équipages; ma voiture contenait en outre quelques effets qui avaient échappé à l'avidité de l'ennemi, et qui me furent d'un grand secours.

Ce ne fut que le quatrième jour que nous arrivâmes au quartier-général du prince Kutusow, à sept lieues de Kalouga. Il était logé dans le château du chevalier Gandjeroff, près duquel est située la première manufacture de la Russie pour la confection des voiles de vaisseau, et qui emploie chaque jour plus de quatre mille ouvriers. Il existe également dans cet endroit une papeterie, dont les produits ne le cèdent en rien à ceux de la Hollande. Malgré le désordre de ma toilette, le prince généralissime me fit un accueil plein d'intérêt et de bonté. C'était un vieillard de soixante-quatorze ans, d'une taille ordinaire, d'une physionomie agréable. Il avait perdu l'œil gauche. Ses cheveux blancs, son visage sillonné par plusieurs cicatrices profondes, inspiraient le respect.

Je restai pendant trois heures avec lui dans son cabinet, et j'eus souvent occasion d'être étonné de l'extrême facilité avec laquelle il s'exprimait dans notre langue, et surtout de sa vaste érudition.

Lorsque je lui eus dit mon nom, il parut réfléchir un instant. « Êtes-vous pa-
» rent, me dit-il, de MM. de Beauvollier qui
» ont joué un rôle si honorable dans les évé-
» nemens militaires de la Vendée, et dont
» l'un fut signataire d'une lettre adressée à
» S. M. l'impératrice Catherine II pour lui
» demander des secours contre les Républi-
» cains ? — C'est moi, lui répondis-je, qui ai
» signé cette lettre, en ma qualité d'inten-
» dant-général et de premier membre du

» conseil supérieur de l'armée. — C'est vous !
» Eh bien ! je suis ravi que vous soyez mon
» prisonnier ; vous serez traité avec tous les
» égards que vous méritez... »

Le prince ajouta qu'il avait lu avec le plus vif intérêt l'histoire de la guerre de la Vendée, et me demanda si l'auteur de cette histoire était de la même famille que le célèbre chef vendéen de ce nom. Je lui répondis que je croyais qu'il n'existait aucuns rapports de famille entre l'historien et le général vendéen, attendu que le premier se nomme de Beauchamp, et que le second s'appelait Bonchamps.

Il me parla long-temps et avec beaucoup d'enthousiasme de tous les chefs de cette héroïque armée vendéenne, dont les exploits, me dit-il avec feu, tiennent du prodige.

« Monsieur de Beauvollier, continua le
» prince Kutusow, je vous remercie des par-
» ticularités fort intéressantes que vous avez
» bien voulu m'apprendre sur des événemens

» dont vous avez été témoin, et auxquels
» vous avez eu tant de part; mais j'attends de
» vous un autre service, et je compte sur
» votre complaisance. »

Il me fit alors diverses questions relatives à l'armée française; il me demanda, entre autres choses, quelle était la force de cette armée, à son départ de Moscou ? Je lui dis que j'étais certain qu'elle ne s'élevait pas à plus de 123,000 hommes. « Quelle opinion Napoléon
» a-t-il de moi? ajouta le prince.—Il vous
» craint, et ne vous appelle que le *vieux*
» *renard du Nord.*—Je lui ferai voir qu'il
» ne se trompe pas : il a dû s'apercevoir déjà
» que j'avais su pénétrer ses desseins. Il a
» voulu tenter la voie des négociations, et m'a
» envoyé un de ses aides-de-camp, le général
» Lauriston, que je connaissais déjà pour
» avoir été chargé d'une mission à peu près
» semblable auprès de la cour de Russie;
» mais tant que Napoléon ne m'enverra que
» des diplomates de cette force, je serai tou-
» jours en mesure de faire échouer ses projets. »

Ici, le prince me raconta que lors de la première entrevue qu'il avait eue avec le général Lauriston, cet envoyé lui dit : « Ne croyez » pas que ce soit à raison des événemens » malheureux qui ont eu lieu en Espagne, ni » à cause des projets de débarquement mani- » festés par les Anglais sur les côtes de l'Ouest, » que Napoléon demande la paix : nous » rentrerons à Madrid quand nous vou- » drons, et les Anglais ne seront jamais assez » hardis pour mettre le pied sur le territoire » de l'Empire. Tous les Français se leveraient » en masse, et l'Océan deviendrait leur tom- » beau. »

Le lendemain, Kutusow ramena la conversation sur le même sujet. Lauriston parut surpris, et lui demanda de qui il tenait ces faits : « De vous-même, général ! reprit Ku- » tusow, car je les ignorais. »

C'est ainsi que ce négociateur trahissait, sans s'en douter, et par une jactance indiscrète, les intérêts qu'il était chargé de défendre.

Le même jour, pendant que le prince et

le général Lauriston étaient en conférence, on introduisit le général comte Platoff. Il était escorté par des soldats, et dans l'attitude d'un coupable. Le prince lui ordonna de lui remettre son épée, et l'accabla des plus vifs reproches sur sa conduite militaire. Il ajouta que, malgré sa qualité de général en chef chargé de pouvoirs illimités, il ne voulait pas le faire juger lui-même, mais qu'il allait le renvoyer à son souverain, qui ordonnerait de son sort.

Lauriston fut la dupe de cette comédie, et en rendit compte à Napoléon, qui crut dès ce moment les cosaques sans chef, et totalement désorganisés. Le comte Platoff, au lieu de se rendre à Saint-Pétersbourg, alla prendre le commandement de soixante régimens de cosaques qu'on venait de former, et quelques jours après il attaqua l'armée française.

Le prince Kutusow me demanda encore quelles étaient les ressources sur lesquelles Napoléon avait compté pour effectuer sa retraite. Je lui répondis qu'il avait l'intention de se diriger sur Toula et Kalouga, et qu'il avait traité à cet effet avec une compagnie de Juifs.

Après cette conversation, qui dura plus de trois heures, le prince manda un chirurgien pour sonder ma blessure. Il me fit donner du linge et autres effets dont j'avais le plus grand besoin, m'admit plusieurs fois à sa table, et me traita avec toutes sortes d'égards et de bonté. Son exemple fut suivi par les seigneurs et généraux russes alors présens, qui tous me comblèrent de marques d'intérêt, et s'empressèrent de m'offrir des secours pécuniers que je refusai, le prince Kutusow m'ayant fait remettre cinq cents roubles pour pourvoir à mes besoins.

Je restai vingt-huit jours auprès de ce prince. Il y eut pendant ce temps un armistice tacite qui suspendit les hostilités de part et d'autre, mais qui ne fut point le résultat d'une convention écrite.

Le jour de son départ, Kutusow me fit appeler dans son appartement, où se trou-

vait M. le chevalier de Gougeroff ; il me recommanda à ce seigneur de la manière la plus obligeante, en lui répétant plusieurs fois qu'il voulait que je fusse libre de rester chez lui aussi long-temps que cela me conviendrait. Il me donna ensuite deux lettres, l'une pour le gouverneur de Kalouga, laquelle contenait l'ordre de me faire conduire à Resen, chef-lieu du gouvernement de ce nom ; et l'autre, pour une de ses filles, qui s'était retirée dans cette ville depuis l'incendie de Moscou. « Adieu,
» monsieur de Beauvollier, me dit-il en me
» quittant, je m'estime heureux d'avoir pu
» vous être utile ; il ne tiendra pas à moi que
» vous ne revoyiez bientôt votre patrie. »
Comme je me disposais à me retirer, il me rappela et me dit : « Votre Napoléon est
» un grand sc...... : je lui ai renvoyé cette
» nuit quarante Français faits prisonniers
» aux avant-postes ; il a refusé de les rece-
» voir : que veut-il que j'en fasse ? Sa con-
» duite est atroce, et vous prouve le peu de
» cas qu'il fait d'une nation à laquelle il doit

» tout. » Et il partit pour se mettre à la poursuite de l'armée française.

Le prince Kutusow voyageait à l'armée dans un équipage plus que modeste ; il n'avait presque aucune suite, et rien de ce qui tient au luxe, puisqu'il se donnait à peine ce qui est de première nécessité. Quoique élevé dans les camps, il avait toute l'urbanité d'un homme de la cour, une conversation enjouée, l'abord facile et prévenant. Les prisonniers français qui ont été assez heureux pour lui être présentés, officiers et soldats, tous ont reçu de lui des marques non équivoques de son estime pour la nation à laquelle ils appartenaient. Il leur faisait distribuer de l'argent et des secours de toute espèce : je pourrais citer plusieurs généraux auxquels il a donné jusqu'à mille roubles. Il jouissait de l'estime de ses concitoyens, et s'est acquis la reconnaissance des Français.

Il fut élevé pendant cette guerre à la dignité de feld-maréchal, par l'influence du sénat et de la noblesse. Il devait d'autant moins s'attendre à cette faveur, qui n'était pourtant qu'une juste récompense, que son rappel de l'armée de Moldavie avait été une espèce de disgrâce. En effet, il avait été remplacé dans le commandement par un jeune seigneur sans expérience. Mais alors on avait senti combien il importait de ne confier le salut de l'État qu'à des mains exercées, et il avait été jugé le plus capable de s'opposer avec succès à l'entreprise audacieuse de Napoléon.

Je partis pour Kalouga, accompagné d'un sous-officier, d'un employé de l'administration, et de l'acteur Saint-Vert, dont j'ai parlé plus haut. Je fus parfaitement accueilli par le gouverneur de cette ville, qui me permit d'y séjourner pendant quinze jours pour soigner ma blessure dont je souffrais beaucoup. Kalouga est une des villes les plus riches de la Russie ; elle fait un commerce considérable de blés. Les habitans avaient été pendant quelque temps dans de vives inquiétudes ; mais, à l'époque de mon passage, ils étaient entièrement rassurés. Le gouverneur me dit que, dans le cas où les Français se seraient retirés dans la direction de Kalouga, il avait pris d'avance toutes les mesures nécessaires pour qu'ils n'y trouvassent à leur arrivée qu'un monceau de cendres : ce qui était d'autant plus facile à exécuter que toutes les maisons, excepté le palais du gouverneur et les églises, sont construites en bois de sapin. Toutes les provisions et objets précieux avaient été embarqués au moment de l'occupation de Moscou.

Quinze jours après mon arrivée à Kalouga, j'en partis pour me rendre à Resen, qui en est éloigné de cent lieues. Je fus un des premiers Français qui furent envoyés dans ce gouvernement. J'y trouvai quelques-uns des officiers et soldats faits prisonniers sous les ordres de Murat en avant de Moscou. J'y trouvai également le brave général Bonami; mais il n'y était que pour cause de maladie. Il avait ordre de se rendre à Orel, où il fut envoyé depuis. Orel est une ville grande, riche et bien peuplée. Son territoire produit du seigle en abondance ; on y voit aussi beaucoup de prairies. A l'époque de la fonte des neiges, le pays est complétement inondé dans une circonférence de quinze lieues. Les communications sont alors interrompues pendant six semaines.

Comme je ne veux rapporter que ce que j'ai vu ou que j'ai appris d'une manière certaine, je ne décrirai point les événemens militaires qui ont signalé la retraite de Moscou, ni les malheurs affreux qui ont désolé l'armée française pendant un trajet de plus de cinq cents lieues à travers des contrées inhospitalières, et sous le climat le plus rigoureux. Prisonnier, je m'estimais heureux d'avoir été mis à couvert, par ma captivité, des désastres qui accablaient notre vaillante armée. Je déplorais le sort de mes infortunés compatriotes, victimes de l'extravagante ambition d'un seul homme ; mais je m'applaudissais intérieurement de n'avoir pas été réduit à partager leurs malheurs, ou à en être témoin.

Insensiblement le nombre des prisonniers

français s'accrut considérablement à Resen. Quinze cents hommes du corps du général Augereau, frère du maréchal, qui avaient été obligés de se rendre par capitulation, furent envoyés dans cette résidence. Augereau seul fut conduit à Tamboff. J'ai entendu dire, à des militaires qui ont fait partie de l'expédition de Russie, que ce général aurait pu éviter de tomber au pouvoir de l'ennemi. Je ne déciderai pas jusqu'à quel point cette assertion est juste, mais je me rappelle fort bien que tous les officiers faits prisonniers par suite de cette capitulation m'ont assuré que le général Augereau avait été attaqué par des forces supérieures (vingt mille hommes), et qu'ayant été abandonné par le général Baraguay-d'Hilliers, il s'était vu réduit, ou à se rendre, ou à chercher dans une résistance désespérée une mort inévitable.

Ces quinze cents hommes étaient des soldats de toutes armes, qu'on avait tiré des dépôts de différens corps, qui n'avaient pu recevoir aucune instruction, et qui cependant se défendirent avec un rare courage. On m'a assuré depuis que ce corps avait été sacrifié de dessein prémédité, afin d'occuper les Russes momentanément, et de donner le temps à Napoléon, qui courait les plus grands dangers, d'opérer sa retraite en bon ordre. Au reste, la capitulation fut honorable : les officiers conservèrent leurs armes, et les soldats leurs bagages.

Le jour de son arrivée, ce détachement fut cantonné dans une campagne appartenant à un Russe nommé M. Romoine, homme d'une basse extraction, mais qui avait fait une immense fortune dans le commerce des vins. On prétendait qu'il avait plus de vingt-cinq mille esclaves, et sept ou huit millions de roubles comptant dans ses coffres. Cet homme dur et cupide donna ordre à tous ses paysans, chez lesquels il y avait des soldats ou officiers logés, de ne point allumer les fours de chaleur, et d'enlever les fenêtres de toutes les *ibbas* ou chambres. Le lendemain on trouva plus de cinq cents de ces infortunés qui étaient morts de froid. Le gouverneur de Resen fut informé de cet acte d'inhumanité; mais il paraît que M. Romoine parvint à assoupir l'affaire en faisant abandon au gouvernement de la propriété dans laquelle cet événement avait eu lieu.

La conduite barbare de cet homme offre une triste et choquante opposition avec le caractère naturellement généreux et hospitalier de la nation russe; car il est constant que les prisonniers français étaient traités avec toutes sortes d'égards, pourvu qu'ils ne frondassent ni les opinions religieuses, ni les usages du pays. Ceux qui avaient des talens, ou qui exerçaient un art, une profession quelconque, étaient très-recherchés. S'il s'en est trouvé un grand nombre qui, à leur rentrée en France, étaient dans un dénûment absolu, c'est plutôt une preuve de leur inconduite que de la rigueur de leur captivité. Chaque prisonnier avait douze sols par jour. On n'exerçait envers lui d'autre surveillance que celle qui résulte de la discipline militaire; et il n'était soumis qu'à un appel par jour, encore celui qui avait un art ou profession en était-il dispensé.

Je puis attéster que plusieurs seigneurs russes, et beaucoup de dames de qualité, parmi lesquelles il m'est doux de nommer Mme la comtesse de Tchermisoff, ont fait les plus grands sacrifices pour adoucir le sort des prisonniers mes compatriotes.

En 1816, l'empereur Alexandre a fait donner à chaque officier une gratification de cent roubles, indépendamment d'un demi-rouble qu'ils recevaient par jour. Ils étaient en outre logés et chauffés aux frais des particuliers.

Beaucoup de prisonniers se sont plaints des mauvais traitemens qu'ils ont reçus des cosaques et des soldats de la milice appelés *Raknic,* dans la langue du pays. Mais je le demande, qu'avions-nous droit d'attendre d'un peuple justement exaspéré, qui nous regardait comme les ennemis de son pays et de sa religion, comme des envahisseurs qui venaient dévaster ses villes et ses campagnes, comme des sacriléges qui avions profané ses temples?...... Ne leur avions-nous pas donné l'exemple? nous étions-nous montrés plus humains, plus généreux envers leurs prisonniers? Combien de fois, je ne puis le dire sans éprouver un sentiment mêlé de douleur comme homme, et surtout comme Français, combien de fois n'est-il pas arrivé aux commandans des détachemens chargés de conduire les prisonniers russes sur les derrières de l'armée, de les faire fusiller, afin de s'en débarrasser, et de se trouver à la prise de telle ou telle ville, pour avoir part au butin?

La masse des prisonniers, qui était beaucoup moins considérable qu'on ne l'a cru généralement, fut dirigée vers les gouvernemens de Tamboff, Savoloff et Stioberski. Quelques-uns furent conduits jusqu'à Archangel, la contrée la plus froide de la Russie, mais où les vivres sont à meilleur compte.

Mon séjour assez prolongé parmi les prisonniers français m'a mis à même de faire une pénible mais juste observation, c'est que presque tous ces hommes sortant d'une armée démoralisée par son chef, conservaient, dans les chaînes de l'esclavage, cet égoïsme si brutal, cette insensibilité dégradante qui avait changé leur être, et donné, pour ainsi dire, à leurs penchans une direction contre nature. J'ai été témoin du peu d'accord qui existait entre les officiers, et pourtant je croyais que les hommes, quand ils sont malheureux, éprouvaient le besoin de se rapprocher pour se prêter un mutuel appui.

Les renseignemens qui m'ont été transmis par diverses personnes dignes de foi m'ont prouvé que cette mésintelligence entre les officiers français prisonniers était générale. Malgré la surveillance dont ils étaient l'objet, malgré la sévérité des lois contre les duels, ils se battaient fréquemment.

Ces inimitiés n'existaient point entre les soldats : réunis par le malheur, ils cherchaient à s'entre-aider, à se secourir réciproquement.

Lorsque les événemens militaires, provoqués par la désastreuse expédition de Russie,

eurent amené la restauration du 31 mars
1814, qui réconcilia la France avec les rois et
les peuples entre eux, le gouvernement russe
fit délivrer aux officiers isolés et aux chefs de
colonnes, des passe-ports jusqu'à Biolistock.
Quelque temps avant que nous fussions in-
formés d'une manière officielle des change-
mens politiques qui s'étaient opérés, j'en fis
part à mes compagnons d'infortune, qui re-
fusèrent d'y croire. Je leur communiquai le
Conservateur impartial..., qui était rédigé
à Saint-Pétersbourg par des Français, et dans
lequel ces événemens étaient annoncés. Mais
telle était la puissance du charme qui avait
fasciné leur raison, telle était l'opinion qu'ils
avaient des ressources et des talens militaires
de Napoléon, que, malgré l'évidence des faits,
leur incrédulité n'en fut pas ébranlée. Ils per-
sistèrent dans cette espèce d'endurcissement,
lors même que nous eûmes reçu l'ordre du
départ. Ils disaient que Napoléon avait entièrement détruit l'armée de la coalition, et
que notre renvoi n'était qu'un échange de

prisonniers qui devait avoir lieu sur le Bugg. Conformément à cette opinion, plusieurs colonnes de prisonniers s'étaient fait un drapeau sur lequel on lisait ces mots en gros caractères : *NOUS LE REVERRONS!* d'autres colonnes avaient conservé leurs aigles, et les portaient en triomphe.

Il eût été dangereux de manifester des sentimens contraires à ceux du plus grand nombre, on eût couru risque de la vie. Un sous-officier et un employé civil, qui osèrent improuver ces signes extérieurs d'une opinion irréfléchie, furent obligés de quitter leur colonne, et de prendre la poste pour échapper à une mort certaine.

Cette exaltation dans les idées se faisait surtout remarquer parmi les jeunes gens qui avaient été élevés dans les Lycées et dans les Écoles militaires. Les vieux soldats pensaient en général plus sainement; aussi étaient-ils vus d'un mauvais œil par cette fougueuse jeunesse. J'ai souvent entendu dire à ces braves : « Si Louis XVIII nous veut, nous serons à

» lui comme nous avons été à Napoléon ; ce » n'est pas l'homme que nous avons servi, c'est » la chose. Nous sommes Français avant d'être » soldats. » Et ils le disaient dans la sincérité de leur âme.

Louis XVIII ne put pas venir au secours des prisonniers français aussi promptement que son cœur l'aurait désiré. Il avait été convenu, par le traité de Paris, entre le gouvernement russe et le gouvernement français, que les puissances contractantes se rendraient les prisonniers sur leurs frontières respectives. Cet article du traité fut mal interprété en France. On crut que la Russie s'était engagée à faire transporter les prisonniers jusqu'au Rhin. Mais à peine se fut-on aperçu de cette fausse interprétation, que le Roi s'empressa d'envoyer des commissaires avec des fonds considérables, et des lettres de crédit sur plusieurs banquiers, pour porter des secours à ces infortunés, dont il avait ignoré jusqu'alors la situation déplorable et l'abandon involontaire.

Le commissaire qui fut chargé d'organiser le retour en France de la colonne dont je faisais partie, était le baron Martial, maréchal-de-camp. Cette mission délicate ne pouvait être confiée à un officier plus digne et plus capable. Son affabilité et sa prudence, ramenèrent la plupart de ces militaires aux sentimens du véritable patriotisme. Tous reçurent de lui des secours au nom du Roi, et la majeure partie sollicita et obtint la décoration du Lys. Il eût été à désirer que les différens commissaires qui furent envoyés au-devant des prisonniers, eussent rempli avec autant de zèle et de succès cette noble mission.

J'ai dit que le gouvernement russe nous avait délivré des passe-ports jusqu'à Bialistock. De là, nous nous rendîmes à Wilna, et puis à Varsovie. Pendant ce trajet, je m'arrêtai à Gumbinen, où j'appris du maître de poste de cette ville, qu'il avait eu l'honneur de recevoir Napoléon lorsqu'il abandonnait son armée dans la situation la plus critique, pour se rendre en toute hâte à Paris.

Il était arrivé en traîneau, accompagné d'un juif polonais qui lui servait de guide et d'interprète. Il descendit à la poste, et fit demander le maître de la maison. Il était absent. Sa femme se présente, et lui répond qu'elle va envoyer chercher son mari. En approchant de plus près, cette femme croit reconnaître, dans l'étranger qui lui parle, Napoléon, qu'elle a déjà vu, et elle le regarde avec beaucoup d'attention. « Vous me regar-
» dez si attentivement, madame, lui dit alors
» Napoléon, que je serais tenté de croire que
» vous me connaissez. — Je crois effective-
» ment avoir l'honneur de parler à S. M. l'Em-
» pereur des Français. — Vous ne vous
» trompez pas. » En disant ces mots, il lui remit dans la main trois rouleaux de vingt-cinq napoléons, en l'engageant à faire revenir son mari le plus promptement possible. Il lui adressa ensuite différentes questions sur

sa famille, et sur ses moyens d'existence. « Combien avez-vous d'enfans? — Sire, je » n'ai qu'un fils, qui est au Lycée de Varso- » vie.— Dès ce moment, je me charge de son » éducation et de son sort : j'en aurai soin. »

Le maître de poste étant arrivé, Napoléon lui demande combien il lui faut de temps pour le mener à Varsovie. « Quarante heures, » répond le maître de poste.— Pouvez-vous » m'y conduire ? » Le maître de poste hésite. « J'exige que ce soit vous qui m'accompa- « gniez jusqu'à cette destination : ma recon- » naissance sera sans bornes. » Il tire une carte de sa poche, et lui indique la route qu'il devra tenir; puis, lui montrant deux pistolets, il s'écrie d'un ton menaçant : « Si » vous vous écartez de la ligne que je vous » trace, je vous brûle la cervelle. » Le maître de poste protesta de son dévouement; et en effet, il le conduisit à Varsovie, en traîneau, dans l'espace de trente-trois heures.

En passant à Hanau, Napoléon logea à l'auberge du Grand-Cerf. Il affecta beaucoup de gaîté, surtout avec l'hôtesse, s'étudiant par ses propos et ses manières à dissimuler ses désastres.

Sans l'attachement des Polonais pour Napoléon, la retraite des débris de notre armée eût été bien plus désastreuse encore. Presque tous les seigneurs recueillaient les soldats isolés, et les faisaient conduire ensuite à leurs corps respectifs.

Tout ce qui a été dit au sujet de cette retraite dans les différentes relations sur la campagne de Russie, ne peut approcher de la vérité du récit qui m'a été fait par des témoins oculaires : M. Tierce-Chit, major au 9e de ligne, domicilié à Paris, rue de l'Ante-Christ; et M. Guiné, employé aux hôpitaux, fils d'un négociant de Beaune.

Lors du retour des Russes à Wilna, comme les Français furent repoussés par les habitans, qui craignaient de se compromettre, une grande partie des blessés et des malades, ne pouvant ni se sauver ni se défendre, fut assassinée par les Juifs. Plusieurs de ces infortunés, pour se soustraire à une mort qu'ils regardaient comme inévitable, soit de la part des habitans, soit de la part de l'ennemi, s'étaient retirés dans une maison abandonnée, où ils se barricadèrent. On crut que cette maison avait été fouillée; ce ne fut qu'au bout de huit jours que le général russe apercevant de la fumée au-dessus des toits, soupçonna qu'elle était habitée; il la fit investir, et fit enfoncer les portes. On y trouva une vingtaine de Français, tout nus, et qui ressemblaient à des spectres. Le général leur demanda depuis quand et pourquoi ils s'étaient retirés dans cette maison; ils répondirent qu'ils y avaient été forcés par le mauvais traitement qu'ils recevaient des habitans, et par la crainte d'être victimes des troupes russes. Il leur demanda ensuite de quelle manière ils avaient pu subsister depuis huit jours qu'ils étaient ainsi privés de toute espèce de communications au dehors. Après un morne et long silence, qui annonçait le désespoir et les remords, l'un d'eux lui dit : « Regardez dans cette chambre. » La porte était entr'ouverte, le général russe y entra, et fut frappé d'horreur à l'aspect de plusieurs cadavres dont on avait enlevé toutes les parties charnues pour les dévorer.....

MÉMOIRES

sur

L'EXPÉDITION DE RUSSIE.

MÉMOIRES

SUR

L'EXPÉDITION DE RUSSIE,

RÉDIGÉS

PAR JEAN GAZO,

CHEF DE PARC DES ÉQUIPAGES DU GRAND QUARTIER-GÉNÉRAL DE LA GRANDE ARMÉE.

Je partis pour la campagne de Russie avec les fonctions de chef de parc; j'avais sous mes ordres M. L. Alloard-Gazo, mon beau-fils, sous-chef de parc des équipages auxiliaires.

Nous nous rendîmes ensemble à Mayence, notre première destination. Là, nous reçûmes de nouveaux ordres, et nous fûmes désignés pour faire partie du grand quartier-général de la grande armée.

En ma qualité de chef de service, je fus chargé des transports du grand quartier-général depuis Mayence jusqu'à Berlin. Cette tâche était extrêmement difficile; les détails en étaient immenses; j'étais à tout moment arrêté par de nouveaux obstacles. Il fallait obtenir des autorités civiles, par la voie des réquisitions, le nombre de voitures suffisant pour effectuer les transports, et les autorités, toujours récalcitrantes, faisaient naître des retards, qu'il était presque impossible d'abréger et qu'il importait cependant beaucoup d'éviter au commencement d'une expédition dont le succès semblait dépendre de la célérité de l'exécution. Enfin, je parvins à aplanir toutes ces difficultés, et mon zèle, à l'épreuve des fatigues et des dégoûts inséparables de pareilles fonctions, me valut des éloges. Nous arrivâmes à Berlin.

Le service de la grande armée avait besoin d'une organisation sévère; il y régnait une confusion déplorable. Des améliorations salutaires furent introduites dans les diverses administrations dépendantes de ce service, et on forma sous le nom de petit quartier-général impérial une administration séparée du grand quartier-général, qui devait suivre l'Empereur partout où il se transporterait. Je fus choisi, parmi les chefs de parc de l'armée, pour faire partie de cette nouvelle administration en qualité de chef de service des équipages militaires auxiliaires. L'activité que j'avais déployée et les témoignages flatteurs de satisfaction que me donnèrent publiquement M. l'ordonnateur en chef Joinville, et particulièrement M. le baron de Sermet, commissaire des guerres, contribuèrent beaucoup à fixer sur moi la préférence que j'obtins en cette occasion. M. Alloard-Gazo, mon beau-fils, me fut adjoint en qualité de sous-chef de parc; j'en avais trois autres sous mes ordres, et l'on m'accorda en outre la faculté indéfinie de disposer de tous les employés subalternes dont je jugerais l'emploi nécessaire. C'était une nouvelle preuve de confiance.

Je fus bientôt chargé, par M. l'intendant

général à Berlin, de passer un marché pour la fourniture de l'habillement du personnel de l'administration des équipages militaires auxiliaires du petit quartier-général impérial; j'en fis les avances de mes propres deniers, et je fus autorisé à retenir à chaque employé ou sous-employé, un sixième de ses appointemens par mois, jusqu'à concurrence des sommes que j'avais fournies. Mais ce mode de remboursement n'était pas sans dangers, et je ne tardai pas à m'en apercevoir. Un grand nombre d'employés étant restés malades en route, d'autres ayant été faits prisonniers ou étant morts, le produit des retenues que j'avais été autorisé à exercer s'affaiblit chaque jour davantage, et je perdis ainsi une partie des avances que j'avais faites.

Le petit quartier-général impérial, qui devait toujours précéder le grand quartier-général de plusieurs jours de marches, partit de Berlin le 28 avril 1812, et arriva le 7 mai suivant à Posen.

Ce fut dans cette dernière ville que la vieille

garde rejoignit la grande armée. Cette troupe d'élite, la plus belle du monde, était surtout remarquable par sa discipline et par sa tenue magnifique. Elle s'était renforcée dans ces derniers temps de troupes qu'on avait fait venir d'Espagne, et de militaires pris dans les rangs de la ligne. A voir ces hommes, tous dans la force de l'âge, d'une constitution robuste, d'un air martial, que la présence continuelle du péril avait familiarisés avec la mort, la soumission prochaine de la Russie paraissait hors de doute.

L'Empereur passa plusieurs fois la vieille garde en revue à Posen; et le 29 mai, après, un séjour de vingt-deux jours, elle se mit en marche. Notre administration partit en même temps, et le 17 juin nous arrivâmes à Imterbourg, en passant par Thorn, Osterode et Schippenbeil.

Nous réunîmes dans cette ville un parc considérable de voitures; et cette opération terminée, nous continuâmes notre route le 19 au soir, en laissant au commissaire des guerres de la place quatre-vingts voitures pour le transport des vivres.

Notre séjour à Imterbourg fut marqué par un incident qui pouvait avoir des suites très-fâcheuses. Le 19, jour de notre départ, dans la matinée, M. Alloard, mon beau-fils, était de garde au parc avec quatre sous-employés; je lui avais donné l'ordre de ne délivrer de voitures que sur des bons de M. le commissaire des guerres, visés par M. l'ordonnateur en chef du petit quartier-général.

Quatre officiers d'infanterie appartenant aux alliés de la France, se présentent sans être munis d'un bon, et demandent une voiture à deux colliers pour rejoindre leur corps. Fidèle à la consigne qu'il avait reçue, M. Alloard les refuse; ces officiers, mécontens, jurent, menacent, et l'un d'eux se permet même des propos insultans. Mon beau-fils ne put les entendre sans en être offensé et il lui en demanda satisfaction. Jeune, plein d'honneur, mais plein de confiance, M. Alloard se rendit seul avec ces quatre officiers dans un lieu écarté pour venger l'offense qu'il venait de recevoir. Le sort des armes le favorisa, il blessa légèrement son adversaire au bras droit; mais celui-ci voulut recommencer, et, malgré les observations fort sages et fort polies de M. Alloard, les trois autres officiers, qui devaient rester simples spectateurs du combat, le provoquèrent à leur tour en le menaçant. M. Alloard fut obligé de se mettre sur la défensive, et il eût infailliblement succombé dans cette lutte inégale, sans deux de ses collègues qui arrivèrent et mirent fin au combat.

Le soir nous partîmes d'Imterbourg. En arrivant à Gumbinen, village en avant de Kowno, je me trouvai indisposé, et j'obtins d'y rester six jours pour prendre quelque repos. Ce temps étant expiré, je me remis en route avec M. Alloard qui ne m'avait pas quitté; mais nous ne pûmes rejoindre la grande armée qu'à Wilna.

Notre halte à Gumbinen avait été précédée d'une rencontre fort heureuse en pareille circonstance. Nous trouvâmes à quelque distance de ce village cent trente voitures de biscuits venant de Kœnigsberg, et qui avaient été abandonnées sur la route. Nous les fîmes conduire par les soldats que nous parvînmes à réunir, et que nous payâmes de notre bourse. Ce précieux convoi ayant été dirigé sur Wilna, y fut distribué à la vieille garde.

Le passage du Niémen à Kowno faillit être fatal à M. Alloard. Il fut renversé du haut du pont avec son cheval, par une pièce d'artillerie qui, arrivant avec trop de précipitation, ne put être retenue par les soldats du train, dans la pente rapide qui était en avant de la tête de ce pont. Heureusement il ne se fit aucun mal, et se sauva à la nage avec son cheval.

Pendant le séjour des troupes à Wilna, l'Empereur passa une revue générale des divers corps et des diverses administrations de l'armée. La plaine où se trouvait réunie cette belle armée offrait le spectacle le plus imposant. On voyait briller dans les yeux des soldats l'ardeur dont ils étaient animés. L'Empereur paraissait satisfait. Les régimens de toutes armes défilèrent devant lui dans le plus grand ordre.

Quelques jours après cette revue l'armée partit de Wilna, et se mit en route dans la direction de Witepsk; mais il fallut avant d'y arriver se mesurer avec l'ennemi. Le combat ne fut ni long ni sanglant : notre perte en tués et blessés ne fut pas de plus de 4,000 hommes. Le 28 juillet, nous étions à Witepsk. En y arrivant, je reçus l'ordre de l'intendant - général d'arrêter indistinctement toutes les voitures vides qui traverseraient la ville, et de faire des perquisitions dans toutes les maisons pour y prendre celles qu'on pourrait utiliser pour le service de la place. Il me fut également ordonné de faire transporter à Witepsk les blessés qui étaient restés sur le champ de bataille, et les malades qui se trouvaient dans le camp.

Ce transport, et les recherches qu'il fallait faire souvent à des distances très-éloignées du champ de bataille et dans des ravins très-profonds, afin d'en enlever les blessés qui s'y étaient traînés pour se mettre à l'abri d'un soleil brûlant, furent exécutés avec la plus minutieuse exactitude, et cependant quarante-huit heures suffirent pour que tous les blessés et tous les malades fussent rendus dans les hôpitaux de Witepsk.

Le combat que nos troupes venaient de livrer à l'ennemi n'était que le prélude de nouveaux combats et de nouveaux succès. Nous continuâmes à marcher en avant, et le 17 août nous étions maîtres de Smolensk. Mais il nous fallut acheter chèrement l'occupation de cette ville, le seul boulevard de l'empire russe sur la frontière de la Pologne. Le général Barklay de Tolly s'y était renfermé et avait fait toutes les dispositions nécessaires pour opposer une vigoureuse résistance. L'attaque commença avec un acharnement égal de part et d'autre. Les Français déployèrent cette valeur brillante qui les caractérise; les Russes montrèrent ce sang-froid de la résignation, qui prend sa source dans les idées religieuses exaltées par la superstition. Le sang ruisselait des deux côtés; à la fin, l'habileté unie à la valeur l'emporta, et les Russes, assaillis de toutes parts, abandonnèrent la place jonchée de morts et de blessés. Mais, en se retirant, ils mirent le feu à la ville basse, qui fut réduite en cendres, ainsi que les immenses magasins qu'elle renfermait. Ils continuèrent même pendant une partie de la nuit à lancer des bombes qui nous tuèrent beaucoup de monde. La perte de l'ennemi, dans cette journée, fut au moins de douze mille hommes; la nôtre fut aussi très-considérable; nous eûmes surtout à regretter la perte d'un général, qui eut les deux jambes emportées par le dernier boulet que l'ennemi lança contre la ville. Ce général, dont je regrette de ne pas me rappeler le nom, avait fait des prodiges de valeur et puissamment contribué au succès de cette sanglante affaire. Il fut enterré avec tous les honneurs dus à son rang; l'Empereur assista à son convoi.

Nous fîmes à Smolensk ce que nous avions fait à Witepsk : une partie des blessés furent par nos soins enlevés du champ de bataille, et transportés dans les hôpitaux.

Deux jours après, nous faillîmes être victimes d'un incendie qui se manifesta dans la maison où nous étions logés. Nous n'eûmes que le temps de jeter nos bagages par les fenêtres, et de nous sauver.

De Smolensk nous nous dirigeâmes sur la petite ville de Mojaïsk, près de laquelle nous livrâmes à l'ennemi, le 7 septembre, la fameuse bataille dite de la Moskowa, et que les Russes ont appelée bataille de Borodino. Chemin faisant, nous rencontrâmes le frère aîné de M. Alloard, mon beau-fils, qui servait en qualité de fourrier dans un régiment de cavalerie. Il est facile de se faire une idée du plaisir qu'on éprouve en se revoyant dans un pays inconnu, où chaque jour est marqué par de nouveaux dangers. On oublie alors ses années et les fatigues pour saisir avec empressement cette lueur passagère de bonheur. Mais il fallut bientôt se séparer, et cette courte entrevue des deux frères faillit être la dernière. Comme les fourrages commençaient à nous manquer, on était obligé d'en aller chercher à des distances souvent très-considérables. Le jeune fourrier fut envoyé à la découverte avec dix hommes de son régiment. M. Alloard voulut les accompagner. Ils s'avancèrent par des chemins de traverse à plus de deux lieues du bivouac de la grande armée. Arrivés près d'un village de chétive apparence, ils aperçurent d'énormes meules de foin, et se décidèrent, malgré leur petit nombre, à pénétrer dans l'intérieur. Le *pope*, ou curé du village, leur fit un assez bon accueil, et leur servit un dîner frugal qu'ils trouvèrent délicieux. Mais pendant que la femme ou servante du pope (les prêtres russes ont la faculté de se marier) apprêtait les mets qui leur étaient offerts, ils eurent soin de barricader la porte de la cour, afin d'éviter toute surprise. Cette précaution n'était pas inutile ; car, à peine avaient-ils achevé leur repas, qu'ils furent assaillis de toutes parts, et cernés par une nuée de cosaques irréguliers. Ils n'eurent pas le temps de monter à cheval, et se faisant ouvrir la porte de la cour par le pope et ses gens, ils se précipitèrent le sabre à la main au milieu de cet essaim de cosaques, bien déterminés à périr plutôt que de se rendre. Cette éruption imprévue déconcerta les cosaques, qui ne firent qu'une faible résistance; et ils eurent le bonheur d'échapper à un péril certain, sans perdre un seul homme. Deux d'entre eux, seulement, furent légèrement blessés.

La veille de la bataille de la Moskowa, un détachement de cinquante hommes, dont M. Alloard faisait encore partie, étant allé chercher du fourrage et des vivres, fut attaqué au retour, en traversant une forêt, par une bande de ces mêmes cosaques qui ne cessaient de harceler nos flancs et nos derrières. Il s'ensuivit un engagement assez vif; et pendant la mêlée, le cheval de M. Alloard s'abattit. Un cosaque profita de cet instant pour lui porter un coup de lance qu'il eut le bonheur de parer en ripostant par un coup de sabre. Le cosaque ne jugea pas à propos de revenir à la charge; il tourna bride à l'exemple des autres.

Le lendemain, se livra la bataille de la Moskowa. Irrités de la prise de Smolensk et des défaites qu'ils avaient déjà éprouvées en plusieurs rencontres depuis l'ouverture de la campagne, les Russes cherchaient l'occasion de se mesurer en bataille rangée avec les Français. Ils avaient concentré toutes leurs forces sur le plateau qui domine Borodino. L'armée française, composée de l'ancienne et de la nouvelle garde, des corps du maréchal Ney et du maréchal Davoust, de ceux des princes Eugène Beauharnais et Poniatowski, et des quatre grands corps de cavalerie sous les ordres des généraux Nansouty, Montbrun, Latour-Maubourg et Grouchy, qui faisaient partie du corps d'armée de Murat, formait un total d'environ cent trente mille hommes.

A six heures du matin, le feu d'une batterie française donna le signal; le général Compans, du corps du maréchal Davoust, commença l'attaque qui, bientôt, devint générale. Qu'on se figure près de trois cent mille combattans, faisant et soutenant un feu meurtrier, et animés d'une même ardeur; les bombes, les boulets, la mitraille, les charges de cavalerie, se succédant sans interruption, et portant la terreur et la mort jusque dans les derniers rangs des deux armées; et on n'aura qu'une idée imparfaite du spectacle que présenta la vaste plaine de Borodino, depuis le lever de l'aurore jusqu'à la fin du jour.

Le pont de la Moskowa fut pris et repris plusieurs fois; les cadavres y étaient entassés, et le 12e de ligne y fut presque entièrement sacrifié. Une partie de la grosse cavalerie, rangée en bataille, avait reçu l'ordre de ne faire aucune charge : elle recevait la mort; mais le front qu'elle présentait à l'ennemi était une barrière formidable qu'il n'osa point attaquer.

La victoire fut long-temps indécise ; les Russes crurent remarquer que l'ardeur de nos troupes s'affaiblissait ; ils firent jouer toutes leurs batteries à la fois, et déployèrent toutes leurs forces. Ce dernier effort, qui était celui de l'épuisement, décida du gain de la bataille. L'Empereur, qui s'aperçut que l'intention de l'ennemi était d'enfoncer le centre de l'armée française, donna l'ordre de faire retirer à une demi-lieue du champ de bataille les équipages et bagages qui obstruaient les chemins, et qui, dans le cas d'une retraite, auraient pu occasioner beaucoup de désordre et des pertes considérables. Cette précaution prise, toutes les masses s'ébranlèrent simultanément; les batteries russes furent successivement assaillies et enlevées. Les canonniers qui résistèrent furent hachés sur leurs pièces ; bientôt l'infanterie et la cavalerie furent culbutées sur tous les points, et le carnage le plus horrible termina cette lutte opiniâtre.

Pendant et après l'action nous fîmes relever et transporter les blessés à l'ambulance, où se trouvaient réunis un grand nombre de chirurgiens. Le champ de bataille présentait un tableau déchirant : il était couvert de ces braves, les uns morts, les autres expirans. Ceux dont les membres avaient été déchirés par la mitraille, invoquaient la mort, dans l'excès de leurs douleurs. Les ravins étaient remplis de ces derniers, qui, dans cet intervalle des souffrances les plus aiguës à une mort certaine, portant un dernier regard sur leur patrie et sur les objets de leurs affections, appelaient, avec l'accent du désespoir, un père, une mère, une épouse adorée... La nuit (une nuit froide et pluvieuse) vint dérober à l'œil attristé cette scène de carnage et de désolation. Mais on entendait encore les cris de ces infortunés....

Nous n'étions plus qu'à vingt-cinq lieues de Moscou. Nous marchâmes sur cette ancienne capitale de la Russie, où nous espérions trouver un repos nécessaire, et des vivres dont le besoin se faisait sentir impérieusement.

Nous y entrâmes le 14 septembre; mais les Russes l'avaient abandonnée, et cette immense cité ne présentait plus qu'un vaste désert couvert de ruines et de cendres. Le comte Rostopchin y avait fait mettre le feu par des malfaiteurs auxquels on avait rendu la liberté et délivré des mèches incendiaires, avec ordre de n'épargner aucun édifice public, ni particulier. Cet ordre barbare ne fut que trop bien exécuté. Plus de vingt mille malades ou blessés, que l'hôpital renfermait, périrent consumés; sur huit mille maisons, sept ou huit cents seulement étaient encore debout. Le ravage des flammes ne cessa que dans la soirée du 20.

Nous arrêtâmes quelques-uns de ces misérables incendiaires qui nous furent signalés par l'indignation publique, et nous les livrâmes aux habitans, qui les accrochèrent aux poteaux des réverbères.

En entrant dans Moscou, je fus assez heureux pour sauver la vie à trois dames, qui auraient infailliblement péri. Elles étaient entre les flammes et la rivière de la Moskowa, sans qu'il leur restât aucun moyen de salut. Leurs cris n'étaient point entendus, car chacun, dans ce commun désastre, était occupé de sa propre conservation. Il n'y avait qu'un moyen de les arracher à la mort, c'était de les transporter à la nage d'une rive à l'autre. Malgré l'imminence du danger, je ne balançai pas un instant. Je m'élançai dans la Moskowa, et je parvins à les sauver toutes trois. Je fus comblé de bénédictions de ces dames, et des témoignages de reconnaissance de leurs jeunes enfans qui, témoins du danger de leurs mères, sans pouvoir leur porter aucun secours, fondaient en larmes sur la rive opposée, et ne s'attendaient plus à les revoir.

Je fus logé au Kremlin. M. Alloard, mon beau-fils, ne me rejoignit à Moscou que vingt-quatre heures après. Le pont de la Moskowa s'étant trouvé encombré par l'artillerie et les équipages, il avait été obligé de bivouaquer aux portes de la ville avec une partie de l'armée. Comme j'avais besoin de lui, je lui envoyai l'ordre de faire tenir prêts les équipages, et de venir me rejoindre. Ne pouvant passer le pont à cheval, il voulut se hasarder à traverser la rivière, comme bien d'autres l'avaient fait avant lui; mais il ne suivit pas la même direction; et, à peine arrivé au milieu du fleuve, son cheval s'enfonça dans une boue épaisse, et ne pouvait plus avancer. On le retira avec son cheval au moyen d'une corde qu'on lui jeta du haut du pont. Mais le danger auquel il venait d'échapper avait fait sur lui une telle impression, qu'il en fut malade pendant plusieurs jours.

Les Russes avaient adopté le désastreux système de tout brûler dans leur retraite, afin d'enlever aux Français les ressources sur lesquelles ils avaient compté, et de ne leur laisser qu'aride et dépouillé le terrain qu'ils gagnaient par la victoire. Ce système leur réussit, parce que la saison la plus rigoureuse vint ajouter bientôt aux privations de toute espèce que nous éprouvions déjà.

Une armée qui marchait toujours en avant, n'ayant, n'emportant ni subsistance ni équipement, dans un pays aussi froid, devait nécessairement succomber. L'or ni l'argent ne pouvaient nous donner ce que l'ennemi nous refusait. Nous marchions sur des cendres et sur des cadavres; et nous obtenions, pour prix de nos succès, des ruines encore fumantes, et des débris ensanglantés.

Dans cette épouvantable campagne, nous perdîmes plus de monde par les maladies, le froid et la faim, que par les armes.

On a trouvé dans les neiges, des hommes blessés, mourant de froid; enfin, faut-il le dire?... on en a vu qui, poussés par la faim, dévoraient ceux qui ne pouvaient plus marcher !

Les paysans russes, que le fléau de la guerre avait ruinés, étaient encore pour nous des ennemis redoutables; ils ne nous épargnaient pas plus que la faim et le froid. S'ils rencontraient des soldats égarés, ils les massacraient impitoyablement. Les cadavres même n'étaient point à l'abri de leur barbarie : ils venaient les chercher au milieu des neiges et les emportaient dans leurs chaumières, où ils les faisaient dégeler pour en arracher les dépouilles.

Le zèle et l'activité que j'avais déployés dans l'exercice de mes fonctions, les soins scrupuleux que je mis à faire relever les blessés sur le champ de bataille de la Moskowa, fixèrent sur moi l'attention de l'intendant-général, je fus nommé inspecteur de l'arrondissement de Moscou. J'avais sous mes ordres deux chefs de parc, quatre sous-chefs, dont M. Alloard faisait partie, et un nombre indéterminé de sous-employés.

Son excellence vint elle-même me chercher au Kremlin, et me confia la garde et la surveillance des immenses magasins que renfermait l'hôpital des Enfans-Trouvés. Il fallut des soins et une surveillance bien active pour les préserver de l'incendie. Je fis détruire les mèches et arroser les murs; ces mesures de précaution eurent un plein succès. Il y avait dans ces magasins des vivres pour six mois. J'en fis distribuer à des femmes russes qui mouraient de faim, et qui venaient implorer ma commisération.

L'Empereur arriva bientôt; je fus le seul Français qu'il trouva à son poste dans ces circonstances critiques. J'osai lui demander la décoration de la Légion-d'Honneur. Il me fit plusieurs questions relatives à mon service, et s'éloigna en me disant que j'aurais la croix : je l'eus en effet.

Mais le moment approchait où j'allais avoir des devoirs non moins sacrés à remplir et des soins non moins pénibles à rendre. Après vingt-deux jours de séjour à Moscou, tout espoir d'obtenir la paix étant perdu, l'armée dut reprendre le cours de ses opérations; elle était d'ailleurs menacée par l'armée russe. Je fus chargé de l'évacuation de la ville et de réunir les blessés dans l'hôpital des Enfans-Trouvés. Cette tâche était difficile et dangereuse; aussi la plupart de mes employés m'abandonnèrent-ils, pour suivre l'armée. Je la remplis cependant, et lorsqu'elle fut terminée, j'écrivis au maréchal Mortier, qui commandait l'avant-garde, et qui avait ordre de faire sauter le Kremlin, pour savoir ce que j'avais à faire : ne recevant pas de réponse, je restai à mon poste; et je puis dire, sans craindre d'être démenti, qu'au milieu de ces circonstances périlleuses, j'exposai vingt fois ma vie pour sauver le précieux dépôt qui m'était confié !

Le Kremlin devait sauter à minuit; trois brèches y avaient été pratiquées; mais l'exécution n'eut lieu qu'à deux heures du matin. En réfléchissant à cet acte de pure vengeance, je jugeai avec raison qu'il ne servirait qu'à exaspérer les Russes et à compromettre la vie des blessés. Je proposai à quelques habitans de me donner une garde d'honneur, et je promis de prévenir l'incendie en arrachant les mèches. La chose était facile, mais ils n'osèrent pas, et l'explosion eut lieu; elle fut terrible ! toutes les vitres de l'hôpital des Enfans-Trouvés furent brisées.

L'armée française ayant évacué Moscou, les Russes ne tardèrent pas à y rentrer ; ils égorgèrent tous les blessés qu'ils trouvèrent dans les maisons, et dont le nombre s'élevait à deux mille environ. L'hôpital des Enfans-Trouvés en renfermait un nombre à peu près égal. Nous dûmes craindre qu'ils n'exerçassent un traitement semblable envers ces derniers, et nous résolûmes de nous défendre ou de mourir si nous ne pouvions obtenir une capitulation qui mît leurs jours en sûreté.

Nous parvînmes, M. Alloard et moi, à réunir environ six cents convalescens auxquels nous fournîmes les armes que nous pûmes trouver ; et ce fut ainsi que nous sauvâmes du pillage et de la mort les officiers et soldats malades. Les Russes nous attaquèrent trois fois, et trois fois ils furent repoussés. Enfin, notre courageuse résistance leur inspira des sentimens plus généreux ; le général Beckindorf nous fit proposer de mettre bas les armes en nous assurant que l'hôpital serait respecté. Nous y consentîmes à cette condition. Trente soldats seulement sortirent des rangs en disant qu'ils ne voulaient pas se rendre ; ils furent à l'instant enveloppés par les cosaques et massacrés sous nos yeux de la manière la plus cruelle. Toutes ces choses se passaient le 27 octobre. Dès ce moment nous fûmes prisonniers.

L'impératrice mère, informée de notre conduite, nous fit remettre une somme de mille francs. Nous ne fûmes pas traités aussi favorablement par le gouverneur comte Rostopchin.

On lui rendit compte des soins que nous avions prodigués aux Français blessés, du courage avec lequel nous venions de défendre l'asile des malades ; enfin, des moyens par nous employés pour suffire pendant dix jours à l'existence de plus de deux mille hommes. Il témoigna le désir de nous voir, et nous fit appeler, mon beau-fils et moi. Mais je m'aperçus facilement dès l'abord, qu'il avait de fâcheuses préventions contre tout ce qui portait le nom de Français. Nous répondîmes avec une noble fierté à quelques questions qu'il nous adressa, et l'entrevue se termina par des injures que M. le comte ne nous épargna pas.

Nous avions rempli un devoir sacré envers nos malheureux compatriotes blessés et malades ; les Russes, quoique ennemis des Français, devaient-ils nous en punir? Cependant on résolut de nous séparer de nos camarades d'infortune, et l'ordre de notre départ nous fut annoncé.

Les veilles, les privations et les fatigues avaient épuisé notre santé ; la mienne surtout était singulièrement affaiblie : nous adressâmes plusieurs représentations qui ne furent point écoutées. Désespérant enfin de fléchir pour nous-mêmes un ennemi irrité, nous essayâmes la prière en faveur de nos compatriotes. Nous écrivîmes au comte Rostopchin une lettre suppliante, dans laquelle nous traçions un tableau affligeant, mais malheureusement trop fidèle, de l'état déplorable où se trouvaient les malades et les blessés français. Ils avaient été transportés de l'hôpital des Enfans-Trouvés dans des cachots souterrains et humides, où ils étaient entassés pêle-mêle, et où il en mourait jusqu'à trente par jour. Nous invoquâmes les saintes lois de l'humanité, et nous finissions en demandant à S. Exc. un délai de huit jours pour rétablir nos santés. Nous le conjurions en même temps de nous accorder une entrevue particulière.

Nous espérions, si nous obtenions enfin cette dernière faveur, pouvoir détruire les calomnies dont nous supposions qu'on s'était servi auprès du comte Rostopchin pour lui arracher l'ordre de faire jeter nos malheureux compatriotes dans des antres affreux, où ils étaient privés de tout, même de la clarté du jour.

Voici la réponse que nous fit M. le comte Rostopchin; elle était écrite tout entière de sa main :

« Le comte Rostopchin accorde le temps
» nécessaire à M. Gazo père, pour se remettre
» de sa maladie : après quoi il faudra qu'il se
» rende avec son fils dans le gouvernement
» de Wologda. La conversation qu'il me de-
» mande n'amènerait aucun résultat; il n'y
» a ni calomnie ni malveillance qui agissent
» auprès du comte Rostopchin; mais une
» nation qui n'a ni foi ni loi, et qui n'a
» d'autres titres depuis vingt ans que des
» crimes et des forfaits, ne doit jamais pren-
» dre à témoin l'Être suprême, dont la jus-
» tice est méconnue chez les brigands. »

Si notre zèle et notre fermeté avaient été remarqués du gouvernement, notre malheur le fut aussi de quelques personnes à qui nous avions rendu des services personnels. Elles vinrent nous trouver dès que l'ordre de notre exil leur fut connu, et elles s'empressèrent de nous offrir des secours, que nous acceptâmes avec reconnaissance. Nous en profitâmes pour adoucir le sort de nos compagnons d'infortune que nous allions abandonner. La moitié des sommes qui avaient été confiées à notre loyauté furent consacrées à cet emploi le plus noble sans doute que nous pussions en faire.

Nous restâmes huit mois prisonniers à Moscou, pendant lesquels nous fûmes assez bien traités. D'abord, il ne nous était pas permis de sortir sans être accompagnés; mais à la fin on se relâcha de cette surveillance, et on nous laissa entièrement libres. Lorsque les Français évacuèrent Moscou, cette ville, si florissante et si peuplée, ressemblait à un vaste désert. Huit mois après de nombreux quartiers avaient reparu : les maisons semblaient sortir de leurs ruines comme par enchantement. Nous reçûmes enfin l'ordre de nous rendre à notre destination.

Arrivés au chef-lieu du gouvernement de Wologda, nous eûmes huit jours de repos. Nous étions logés sur la place, vis-à-vis du corps-de-garde. L'arrivée d'un officier français, que l'on conduisait sous escorte, vint tout-à-coup fixer notre attention. Nous jugeâmes avec raison que son teint pâle et son extérieur négligé étaient un signe de dénûment. Nous aurions bien voulu le voir, l'interroger; mais nous étions gardés à vue. Nous priâmes un Polonais, qui avait la facilité de sortir, de lui porter quelques secours de notre part, et de lui faire connaître nos noms. Il reçut nos secours avec reconnaissance, et nous apprit qu'il était le colonel Sainte-Suzanne.

Nous eûmes encore occasion d'être utiles à quelques officiers français, prisonniers comme nous, mais bien plus malheureux. Nous avions un crédit ouvert dans deux maisons de commerce de Moscou; nous en profitions pour subvenir à nos besoins personnels, et pour soulager nos compatriotes. Par là, nous nous procurions des jouissances qui servaient à adoucir les rigueurs de notre captivité, et qu'il n'était pas au pouvoir de nos ennemis de nous ravir.

Tous les Français qui reçurent de nous des services de cette nature, rentrés depuis en France, se sont fait un devoir de nous remettre les sommes que nous leur avions avancées. Si quelques-uns ne l'ont point fait, c'est qu'ils n'ont pas été assez heureux pour revoir leur patrie.

Au bout de huit jours de repos, nous quittâmes cette résidence. On nous conduisit à Jarenski, gouvernement de Wologda, où nous arrivâmes au mois de juin 1813. Avant nous, jamais aucun Français, peut-être, n'avait pénétré dans ces climats glacés. Bientôt nous y fûmes suivis d'autres prisonniers, officiers et soldats.

Il y avait beaucoup de malades parmi ces derniers; nous leur prodiguâmes les soins les plus assidus, et nous eûmes la satisfaction de les conserver tous; un seul périt frappé d'un coup de poignard par un tambour russe. Ils nous appelaient leurs bienfaiteurs. Après leur avoir rendu la santé, nous nous attachâmes à ranimer leur courage. Un travail réglé et une discipline sévère furent les moyens qui nous parurent les plus propres à les familiariser insensiblement avec l'idée d'une captivité rigoureuse, et avec les ennuis inséparables d'une existence aussi pénible. Ces moyens nous réussirent complétement. Ces hommes, naguère affaissés sous le poids du malheur, retrouvèrent bientôt leur gaîté native; et pour la première fois sans doute, ces contrées sauvages que nous habitions, retentirent des airs chéris de notre belle patrie.

Le moment de la délivrance arriva. Les événemens de 1814 rendirent la liberté à notre petite troupe. Mais ce bonheur, après lequel nous soupirions depuis dix-huit mois, M. Alloard et moi, nous ne devions pas le goûter encore. On nous proposa de prendre du service en Russie; nous refusâmes, et l'on prolongea notre captivité. Ainsi nous eûmes la douleur d'être encore une fois séparés de nos compagnons d'infortune. Mais à quelle époque ? au moment où il nous était permis d'entrevoir un avenir plus heureux, au moment où le ciel semblait exaucer nos vœux les plus ardens !....

Enfin, au mois de novembre 1814, nous pûmes aussi nous diriger vers la France. Pendant notre voyage, nous n'avons rien négligé pour soulager les prisonniers français partout où nous en avons rencontré. Dans les palais, dans les chaumières, dans les cachots et dans les hôpitaux, nous les avons visités, nous leur avons porté des secours et des consolations.

Arrivés à Berlin, le 17 février 1815, nous rendîmes compte à M. le comte de Caraman de la position malheureuse des prisonniers français. Cet ambassadeur s'empressa de leur envoyer quelques faibles secours qu'il adressa à M. le marquis de Bassompierre, chargé par le gouvernement français des renvois des prisonniers qui revenaient de l'intérieur de la Russie. M. de Caraman nous témoigna toute sa satisfaction des renseignemens que nous fûmes à même de lui donner sur un grand nombre de Français qui se trouvaient encore dans ces contrées.

Tel est le récit exact des événemens dont

j'ai été témoin, et des malheurs que j'ai éprouvés pendant cette campagne qui a été si funeste à la France. J'y ai ruiné ma santé, qui, jusque-là, avait été robuste et florissante; j'y ai perdu une fortune acquise par de longs et pénibles travaux; j'y ai perdu mon fils aîné qui, blessé grièvement au passage de la Bérésina, est venu mourir, à la fleur de son âge, dans les hôpitaux de Witepsk. Mais la France a recouvré la paix, et je ne me souviens plus de mes malheurs que pour bénir le gouvernement réparateur qui les a fait cesser.

MÉMOIRES

TIRÉS DU JOURNAL

DE M. LE VICOMTE D'H..,

AIDE-DE-CAMP DU ROI,

SUR

L'ÉMIGRATION FRANÇAISE.

ET SUR

LES CIRCONSTANCES DE L'EXIL DE S. M. LOUIS XVIII,

A compter de 1795, jusqu'en 1801.

MÉMOIRES

SUR L'EXIL

DE LA FAMILLE ROYALE.

Fidèle à l'honneur, à son Dieu et à son Roi, le vicomte d'H*** avait fait, dans les gardes-du-corps, la campagne de 1792 avec distinction, et à la suite des princes frères de Louis XVI. On connaît les revers de cette campagne, dont les conséquences fatales amenèrent en Europe trente ans de calamités. Ce brave gentilhomme partagea dès lors toutes les infortunes des princes. Vers la fin de 1795, il prit rang dans le second régiment de cavalerie noble, formé à l'armée de Condé avec l'agrément du roi, et organisé d'après l'ancienneté. Ce corps était en quartier d'hiver sur le Necker, lorsque le vicomte d'H*** reçut du Roi l'ordre de se rendre auprès de sa personne. Le Roi, qui arrivait de Vérone à l'armée de Condé, venait d'établir son quartier-général à Riegel. Nous allons rapporter les circonstances qui, d'après le vicomte d'H***, avaient amené Louis XVIII à l'armée de Condé.

Immédiatement après la catastrophe de Toulon, le Roi, qui n'était alors que régent, se rendit à Turin. Le roi de Sardaigne ne pouvant lui offrir un asile sûr, Son Altesse Royale fut obligée de se retirer à Vérone. Héritier de la couronne sanglante de Louis XVI par la mort de Louis XVII, Louis XVIII s'occupa des moyens de remplir le but qu'il s'était proposé en se dirigeant sur Toulon : il sollicita du roi d'Espagne de le recevoir momentanément dans ses États pour pouvoir aborder sur les côtes de Provence, et le conjura de lui envoyer une frégate à cet effet; prières, raisons, tout fut inutile; il lui fut répondu que *seul, il serait reçu sur les terres d'Espagne.*

Après un refus aussi positif, le Roi, brûlant de se réunir aux fidèles royalistes, voulut tenter dans l'ouest de la France ce qu'il lui était impossible d'effectuer dans le midi. Il avait tout à combattre, et surtout la surveillance jalouse et malintentionnée du cabinet de Vienne. Le Roi ne pensa donc plus qu'à quitter Vérone; mais ce ne pouvait être que furtivement; d'après la police extrêmement vigilante du gouvernement vénitien, rien n'était plus difficile que de mettre à exécution un tel projet. Le Roi quitta Vérone en avril 1796, accompagné seulement du comte d'Avaray, du comte d'Agoult, aide-major général, et de Guignet, valet de garde-robe. Il nomma le comte d'Avaray capitaine de la compagnie écossaise de ses gardes-du-corps, poste vacant par la démission du duc d'Ayen, titulaire. Maintenir l'incognito le plus sévère, supporter les inconvéniens d'une petite voiture, se frayer un chemin inconnu pour traverser le Saint-Gothard, affronter des précipices, rien n'effraya le Roi, qui arriva heureusement en Suisse, et descendit chez le baron de Salis. Sa Majesté se rendit aussitôt à l'armée de Condé, persistant à garder le plus strict incognito, et ne conservant de ses ordres que celui de Saint-Louis. Le Roi prit aussitôt l'uniforme de l'armée avec les épaulettes de simple colonel. Son intention était de ne rester que peu de temps à l'armée, et de se rendre le plus tôt possible au milieu des braves royalistes de la Vendée. Beaucoup de gardes-du-corps avaient reçu secrètement l'ordre de se porter dans les environs de Hambourg pour l'y accompagner. Les circonstances ayant changé, et le Roi ne pouvant plus satisfaire ce besoin le plus pressant de son cœur, se trouva néanmoins très-heureux d'être avec ses fidèles gentilshommes. La cour de Vienne n'en fut pas plus tôt informée, que, par l'organe de M. le comte de Saint-Priest, elle fit pressentir le Roi sur la nécessité de quitter l'armée de Condé. On allégua à Sa

Majesté les dangers qu'elle courait; on lui proposa de se retirer à Rothembourg, sur le Necker, d'où elle serait à même de suivre les opérations de l'armée. Le Roi répondit qu'il n'était pas venu au milieu de sa noblesse pour se déshonorer, mais pour partager ses travaux et son sort, et qu'il ne la quitterait pas. La cour de Vienne ne se rebuta point de cette réponse, et de l'attitude très-prononcée du Roi. Elle lui dépêcha le général Klinglin, qui, après de nouvelles tentatives, aussi infructueuses, osa dire au comte d'Avaray, de la part de l'Autriche, *que si le Roi ne quittait pas l'armée de bonne grâce, on emploierait la force.* Le comte d'Avaray lui répondit qu'il serait possible qu'on en vînt à bout, mais que l'Empereur verrait ce qu'il en coûte pour enlever un roi de France au milieu de ses gentilshommes. M. le prince de Condé fit appeler, à cinq heures du matin, M. le comte d'Avaray, et lui dit : « Monsieur d'Avaray, il faut absolu-
» ment que vous employiez tout votre crédit
» auprès du Roi pour déterminer Sa Majesté

» à quitter l'armée; vous voyez que le cabi-
» net de Vienne l'exige ; d'ailleurs, dans la
» position critique où nous sommes, les dan-
» gers que court Sa Majesté gênent nos mou-
» vemens, et il faut absolument qu'elle se
» retire. Je compte sur votre attachement à
» sa personne pour l'y décider. — Monsei-
» gneur, lui répondit le comte d'Avaray, je
» suis bien malheureux de n'être pas assez
» connu de votre Altesse Sérénissime; si je l'é-
» tais davantage, elle saurait mon aversion à
» donner à mon maître un conseil qui compro-
» mettrait son honneur... — Mon cher d'Ava-
» ray, je connais votre délicatesse et votre dé-
» vouement; mais c'est la nécessité qui com-
» mande, et c'est pour éviter les plus grands
» malheurs que je regarde la mesure que je vous
» propose comme indispensable. — Monsei-
» gneur, le Roi n'a pas besoin d'être influencé,
» ni de guide dans le chemin de l'honneur.
» Je supplie votre Altesse Sérénissime d'aller
» faire elle-même sa proposition au Roi; je
» lui demande la permission de rester ici

» dans son appartement, jusqu'à ce que
» Monseigneur ait reçu la réponse de la bou-
» che même de Sa Majesté. » M. le prince de
Condé fut effectivement trouver le Roi, et
lui fit sa proposition. Le Roi lui répondit
« qu'il n'était pas venu se réunir à sa noblesse
» pour s'en séparer; que, quant aux périls
» que craignait et prévoyait Son Altesse, il fal-
» lait, par-dessus tout, que le Roi ne fût pas
» fait prisonnier; que quant à être tué, le
» Roi ne mourait pas en France. » Je ne sais
si le parti irrévocable du Roi, et qui était celui
de l'honneur, força le cabinet de Vienne à
changer ses plans, mais le maréchal de Wurm-
ser fut dégarni d'une partie des troupes de
son armée; et telle fut la cause que le passage
de l'armée de Condé à Huningue, d'abord arrêté et si ardemment désiré, ne s'effectua pas.

Sur la nouvelle que l'on reçut (24 juin 1796) que les Français avaient passé le Rhin, et s'étaient emparés de Kehl, toute l'armée se mit en mouvement; le Roi monta à cheval à sept heures du soir, pour aller à l'ennemi. Sa Majesté me chargea de ses papiers les plus précieux, que j'avais aidé le comte d'Avaray à mettre en ordre, et à sceller dans deux porte-feuilles recouverts de taffetas ciré vert. Le comte d'Avaray me dit que c'était le trésor du Roi; il me recommanda de le lui conserver à quelque prix que ce fût, et de ne pas quitter les équipages.

Après que l'armée française eut passé le Rhin à Kehl, le général autrichien se décida bientôt à la retraite; dès qu'elle fut commencée, le Roi ne jugeant pas de sa dignité de fuir devant ses sujets révoltés, quitta l'armée de Condé à Willingen, vers le 8, et partit incognito, avec le comte d'Avaray et Guignet, précédé la veille du duc de Villequier et du comte de Cossé. Ce ne fut pas sans peine que le Roi, faute de chevaux, parvint à traverser la Souabe; il aurait même été arrêté à Ulm, ville détestable, où l'esprit révolutionnaire avait prévalu. Sa Majesté y arrive le soir; le comte d'Avaray demande des chevaux; on lui répond que les seuls disponibles sont retenus par des marchands suisses qui sont couchés. Le comte d'Avaray se doutant que ces soi-disant marchands suisses sont de la suite du Roi, se fait conduire dans leur chambre; et affectant de parler un langage étranger, les prie de lui céder leurs chevaux; c'était précisément M. Courvoisier, qui, reconnaissant la voix de M. d'Avaray, donne aussitôt son désistement des chevaux de poste.

Le Roi vint à Dillingen, dont son oncle, l'électeur de Trèves, était souverain, et qui conséquemment devait lui être un asile sûr et tranquille. Le 19 juillet, le soir même de son arrivée, à dix heures, étant à la fenêtre du premier étage de l'auberge avec le duc de Fleury, par le plus beau clair de lune, Sa Majesté fut frappée d'un coup de carabine. La balle, après lui avoir labouré le front de la longueur de deux pouces, fut s'amortir dans le mur. (Le duc de Guiche conserve cette balle.) Le Roi fut aussitôt inondé de sang, mais sans être ému; et voyant le désespoir de ses serviteurs, il leur dit : « Vous

» voyez que le coup n'est pas mortel puisque » je suis debout. » Le duc de Guiche était à l'autre fenêtre de la même chambre; le comte d'Avaray, occupé au rez-de-chaussée à expédier un courrier à l'électeur de Trèves, arriva au bruit; voyant le Roi couvert de sang, il se jeta à ses pieds : « Mon maître, » dit-il, une ligne plus bas !!!.. —Mon ami, » reprit le Roi, ce serait Charles X. » Cet événement, plutôt répandu dans la ville par ceux qui en étaient les auteurs, que par la victime, occasiona un soulèvement général. La régence vint à l'auberge, et le comte d'Avaray et le duc de Guiche furent obligés de lui avouer l'incognito du Roi. Pénétrée de cet attentat, elle cherchait à prendre tous les moyens pour assurer les jours de Sa Majesté. La populace ne fut pas plus tôt informée de ce qui venait de se passer, qu'elle fit craindre une révolte. Sous prétexte d'arrêter les coupables, mais bien plutôt pour faciliter leur évasion, leurs complices fermèrent les portes de la ville, de manière à ce qu'un courrier expédié à Wessenhorn, pour y chercher M. Colon, premier chirurgien du Roi, fut arrêté et gardé à vue. On fit courir le bruit qu'on allait mander M. le prince de Condé, qui viendrait aussitôt mettre tout à feu et à sang. Le soulèvement fut tel que M. d'Avaray m'a dit que jamais le Roi n'avait couru d'aussi grands dangers. Un chirurgien de la ville mit le premier appareil; et quoique M. Colon ne fût qu'à quatre lieues de Sa Majesté, ce ne fut que quarante-huit heures après qu'il put se rendre auprès d'elle. D'après les renseignemens obtenus depuis, on a su positivement que cinq scélérats, payés par le Directoire, suivaient à la piste le Roi depuis le moment qu'il avait quitté l'armée, et guettaient celui de consommer ce second régicide. On a su aussi que l'assassin qui avait tiré le coup de carabine, a été lui-même tué à l'armée d'Italie, d'un coup de feu à la tête.

Le maître de l'auberge de Dillingen, fort honnête homme, fut consterné de cet événement affreux et de ce que sa maison en avait été le théâtre. Pour en perpétuer le douloureux souvenir, il a fait remplacer le carreau de vitre brisé par la balle, par un autre carreau de verre jaune, et il n'a point réparé la dégradation qu'elle a faite au mur. Par vénération pour le Roi, il n'a pas voulu non plus que l'on ôtât du plancher le sang de Sa Majesté, son intention même était de l'y conserver à jamais.

Comme il n'y avait à Dillingen aucune force répressive, et que les Jacobins, qui y étaient en grand nombre, en avaient corrompu l'esprit, le Roi fut obligé de partir quarante-huit heures après sa blessure, et la tête toute enveloppée de linges. Ce ne fut que sous le nom d'un chanoine d'Augsbourg qu'il entra dans cette ville; il y logea dans le palais de son oncle, l'électeur de Trèves. Malgré sa blessure, malgré l'état de faiblesse qu'elle lui avait occasioné, Sa Majesté ne put y rester que quelques momens. N'osant s'arrêter nulle part, chassé de partout, M. le comte d'Avaray me mandait : *Dieu veille sur notre maître; malgré tout, il se porte bien; mais il ne sait et il n'a pas où repo-*

ser la tête. L'honneur de le recevoir était réservé au duc de Brunswick; il eut le courage, car ce n'est pas malheureusement trop dire, à cause de l'époque, de lui offrir un asile à Blankembourg; il y donna des ordres pour que le Roi y fût non-seulement en sûreté, mais vénéré comme il devait l'être.

En arrivant à Blankembourg, le Roi prit un logement chez le sieur Schneider, brasseur. Monseigneur le duc de Berry, allant à l'armée de Condé, vint passer quelques jours auprès de S. M. Mgr le duc d'Angoulême s'y rendit aussi peu de temps après. Son Altesse Royale n'avait auprès d'elle que M. l'abbé Marie, un valet de chambre et deux valets de pied. Dans le mois de septembre, le prince revenant de la chasse, et descendant une montagne, son cheval s'abattit; Son Altesse Royale tomba, et se cassa la clavicule; elle lui fut aussitôt remise par M. Colon; cet accident n'eut aucune suite. L'asile que le duc de Brunswick donnait au Roi, quand partout on le lui refusait, n'est pas le seul service que ce prince rendit à la France. La Providence le réservait pour lui épargner un nouvel attentat. Le Directoire français, après avoir manqué son but à Dillingen, ne se rebuta pas. Sous ses auspices, il se forma une nouvelle association pour assassiner Louis XVIII, et le rendez-vous était à Hambourg. Un des conjurés, jeune homme dont les écarts avaient éloigné de lui le cœur de ses parens, et qui, abandonné à lui-même, s'était jeté dans la société des plus vils scélérats, vint donc à Hambourg. Là, par le plus grand des hasards, il rencontre son oncle, homme probe et vertueux; celui-ci, loin de le repousser, l'attire, le caresse, emploie enfin l'ascendant de la tendresse et de la vertu pour lui parler du désordre dans lequel il vit, et du précipice où il se laisse entraîner (et il était loin de penser ce qu'il était réellement). Le jeune homme, touché, ébranlé par les témoignages de bonté de son oncle, lui promet un sincère retour et lui fait l'aveu du sujet qui l'a amené à Hambourg; il lui

donne tous les fils de la conjuration, et lui dit qu'il n'y a pas un instant à perdre pour sauver le Roi. L'oncle n'en perdit pas à rendre compte au duc de Brunswick de tout ce qu'il venait d'apprendre. Ce prince prit de telles mesures que l'un des scélérats fut arrêté et la trame déjouée. Quelque précaution que l'on prît, il ne fut pas possible de cacher ces horreurs à ceux qui approchaient continuellement le Roi. Nos alarmes furent extrêmes; nous prenions toutes les mesures que notre amour nous pouvait suggérer pour garantir et conserver des jours aussi précieux, et qui nous étaient si chers. Aussi, Sa Majesté, qui, tous les jours, allait se promener au Ty, promenade charmante de Blankembourg, avec une sécurité et une tranquillité que nous ne partagions pas, nous dit:
« Je vous remercie de tout ce que vous fai-
» tes pour moi; je ne me refuse pas à tout
» ce qu'une prudence raisonnable vous
» dictera, mais soyez sûr que le premier
» qui voudra sacrifier sa vie aura la mienne

» quand il voudra et malgré vous. La Provi-
» dence me garde, et c'est en elle qu'il faut
» mettre toute ma confiance. »

Le Roi perdit un sujet fidèle dans le baron de Flaxlanden, qui succomba à une maladie longue, et mourut à Brunswick, dans les premiers jours de juillet; il était chargé du porte-feuille du ministère de la guerre. Sa Majesté rappela d'Angleterre le comte de la Chapelle, qui, à son arrivée de Londres, vint à Blankembourg, avec le baron de Franval, son secrétaire.

Le Roi m'avait donné ordre, au commencement de juin, de porter une lettre au ministre de Prusse à Paris. Peu de jours avant mon retour auprès de la personne du Roi, il se passa une scène qui affligea profondément Sa Majesté, ainsi que tous ceux qui l'entouraient. M. le comte d'Avaray, dont tous les moyens étaient consacrés aux intérêts de son maître, et qui ne pouvait en être distrait par aucune considération, fut averti d'infidélités graves et notoires dans la conduite de M. N**, dans la partie des affaires étrangères, dont celui-ci était chargé. Les conséquences en étaient si majeures, qu'il ne fut pas possible, ni de dissimuler, ni même de pallier des torts aussi réels. Après avoir recueilli les preuves probantes et matérielles, M. le comte d'Avaray les présenta au Roi, entouré de ses courtisans. L'évidence était telle, que M. N** ne put articuler un seul mot d'excuse. Le Roi lui dit de se retirer de sa présence, et le remplaça en donnant le porte-feuille à M. le comte de Saint-Priest, qu'il rappela de Vienne, où il était chargé des affaires de Sa Majesté.

Le Roi resta jusqu'au mois de février 1798 à Blankembourg, c'est-à-dire jusqu'au moment où, attiré par l'empereur de Russie, Paul Ier, son départ fut décidément fixé au 11 du même mois. Sa Majesté me chargea d'aller à Hambourg, pour y toucher le montant des lettres-de-change qu'elle avait reçues de Pétersbourg, qui lui était nécessaire pour se rendre à Mittau, en Courlande, où elle devait faire sa résidence.

Le Roi partit de Blankembourg pour sa nouvelle destination, et, ne pouvant pas passer par Berlin, Sa Majesté prit la route de Leipsick. Paul Ier envoya au-devant du Roi, pour l'accompagner, le comte Schwalow. Quelles que fussent les instructions secrètes de ce seigneur russe, son maintien fut peu décent, et plus d'une fois il joua le rôle de l'envoyé d'un bienfaiteur vain et fantasque. Peu de temps après son arrivée à Pétersbourg, le comte Schwalow tomba dans la disgrâce de Paul. Était-ce à cause de sa conduite peu respectueuse envers notre malheureux maître? Pour honorer, au moins en apparence, la position de Louis XVIII à Mittau, l'empereur voulut l'entourer d'un détachement de cent des anciens gardes-du-corps du Roi ; le 2e régiment de cavalerie noble de l'armée de Condé en étant comme le dépôt, on en tira les cent plus anciens avec leurs officiers, qui furent se réunir à Jever, sous le commandement du baron d'Auger, le plus ancien des chefs d'escadron présent au 2e régiment.

En s'y rendant, il passa par Blankembourg. Le Roi l'y reçut commandeur de l'ordre de Saint-Louis, ainsi que M. le comte de La Chapelle; peu de temps auparavant Sa Majesté avait accordé la même faveur à M. le marquis de Monspey, qui avait commandé le second régiment de cavalerie noble à l'armée de Condé. Ce détachement de vétérans fut conduit à Mittau dans des fourgons attelés de chevaux de poste.

Le Roi, obligé de prendre la route de Leipsick, n'avait pu emmener toutes les personnes attachées à son service. M. Deswergnes, son premier médecin, n'y fut pas compris. Le chagrin que ce fidèle serviteur ressentit d'être séparé de son maître réveilla une maladie dont déjà plusieurs fois il avait éprouvé les atteintes; des accidens de rétention d'urine le reprirent, et l'inflammation fit de tels progrès, qu'au bout de deux jours la gangrène survint, et l'emporta le quatrième jour. Le Roi, qui connaissait le cœur de M. Deswergnes, avait pressenti l'effet que le chagrin pourrait produire sur son état; Sa Majesté ne fut pas plus tôt arrivée à Leipsick, qu'elle lui écrivit une lettre adorable, pour le consoler, et l'encourager à la résignation. Cette lettre arriva trop tard; le malheureux Deswergnes n'était plus. Son fils reçut la lettre du Roi, et la conserve comme un titre précieux qui honore la mémoire du père, et rejaillit sur ses enfans.

Le château de Mittau, résidence des ducs de Courlande, fut destiné à servir d'habitation au Roi, à sa famille, et à ses grands officiers. Sa Majesté, ainsi que le duc d'Angoulême, trouvèrent leur appartement meublé; mais à cela près, le reste était dénué de tout; non-seulement il n'y avait point de linge, mais rien de ce qui était nécessaire pour la table du Roi. Il n'y avait point de bois de lit, point de couchettes, pas une chaise, rien enfin de ce qui est indispensable dans la plus chétive maison. Il fallut donc tout acheter, et diminuer d'autant plus la cassette de Sa Majesté, qui était déjà furieusement réduite par les dépenses imprévues et exorbitantes du voyage; car, quelque précaire et pénible que fût sa position, partout on le faisait payer en roi de France. Les gardes-du-corps, à qui il avait été fait de si belles promesses, furent pendant quelque temps à la commisération des habitans. M. de Leendorf, gouverneur de Mittau, n'avait reçu aucun avis à leur sujet, bien moins encore d'ordre; et en Russie, rien ne peut se faire sans ordre. Dès ce premier moment on leur désigna bien une maison; mais indépendamment qu'il s'en fallait de beaucoup qu'elle fût d'une grandeur suffisante, il n'y avait que les quatre murs, pas un lit, pas une paillasse, pas même une botte de paille, et absolument rien de ce qui était nécessaire pour le chauffage. L'ordre pour l'habillement (car le leur était en lambeaux) et pour la paie fut plus de six mois à recevoir son exécution; la paie était si modique, qu'il fallut que le Roi y ajoutât un supplément; et encore, dans cette circonstance, pour ne pas blesser l'amour-propre de l'empereur, et son extrême susceptibilité, fallut-il user des plus grands ménagemens. Sa Majesté ne put suivre en cela l'impulsion de son âme généreuse. Le désespoir était dans tous les cœurs, en raison même de l'espérance qu'on avait été fondé à concevoir, de trouver en Russie la terre promise, ou au moins un grand adoucissement à nos maux. Ce qui y mettait le comble, était la froideur que l'empereur affectait à l'égard de notre maître. A son arrivée à Mittau, Sa Majesté lui députa M. le comte de Saint-Priest, ancien ministre de Louis XVI, et qui, à l'époque du traité de Teschen, avait si bien mérité de la cour de Russie, et en avait été si bien traité. Le Roi ne pouvait pas, pour une pareille mission, jeter les yeux sur quelqu'un qui dût être plus agréable à l'empereur. Eh bien! Paul Ier ne voulut pas même le voir. Enfin, la veille de l'an 1799, le Roi ne fut pas peu surpris de voir arriver un aide-de-camp de l'empereur, chargé d'une lettre de son maître, qui était un compliment de bonne année. L'espoir de la bonne harmonie établie enfin entre notre bienfaiteur et notre maître, fut un bonheur pour tous les Français.

Paul Ier envoya au Roi l'ordre de Saint-André, et celui de Malte, dont il venait de se déclarer grand-maître. Il y joignit en même temps plusieurs croix de commandeur à la disposition de Sa Majesté; et en nommant M. le comte d'Avaray commandeur, il lui envoya directement la croix, avec une lettre autographe, qui est un titre aussi précieux qu'honorable, puisque Paul y dit expressément, *qu'il ne lui accorde cette grâce particulière, que pour honorer en lui son fidèle attachement pour son maître.* M. le comte d'Avaray était trop attaché au bonheur de la France, pour ne pas tirer parti des bonnes dispositions que manifestait Paul Ier; il ne perdit pas un instant à proposer au Roi le mariage de Madame Royale avec Mgr le duc d'Angoulême; et pour déjouer les difficultés qu'y apporterait la cour de Vienne, il supplia le Roi d'en confier à Paul Ier la négociation. Tout ce qui était extraordinaire, tout ce qui pouvait faire époque, était fait pour exciter ce prince, qui ne connaissait aucune difficulté à ce qu'il entreprenait; aussi fut-ce avec transport qu'il saisit l'idée du mariage de la fille de Louis XVI. Pour négocier cette importante affaire, le Roi envoya M. le comte d'Avaray à Pétersbourg. Paul Ier fit partir aussitôt un envoyé extraordinaire pour en faire la demande à l'empereur d'Autriche, qui, dans les circonstances politiques où il se trouvait, ne pouvait rien refuser à l'empereur Paul; il consentit sur-le-champ au mariage, mais non sans peine. Le cabinet de Vienne avait d'autres projets qui allaient se trouver déjoués par cette union. Mgr le duc d'Angoulême dit plus d'une fois à cette époque, qu'il ne compterait sur sa cousine que lorsqu'elle serait sur le territoire russe. M. Hüe, qui accompagnait la princesse, m'a dit aussi que, pour croire à cette alliance, il ne lui avait pas suffi de voir Madame Royale sortir de Vienne, mais hors de la domination autrichienne.

La Reine, qui était attendue à Mittau, disposa son voyage de manière à se trouver en route en même temps que sa nièce, qu'elle devança. Sa Majesté arriva à Mittau le 3 juin 1799 ; la princesse, le lendemain 4 juin. On avait envoyé successivement au-devant d'elles MM. le duc de Villequier, le comte de Cossé, le duc de Guiche, le chevalier de Maleden, l'un des trois courriers de Louis XVI au 21 juin, et le fidèle Turgi. Louis XVIII alla lui-même à leur rencontre, à la distance de six lieues. La Reine avait auprès d'elle madame de La Tour-d'Auvergne, sa fille, et madame la duchesse de Narbonne, fille aînée de madame la duchesse de Sérent. Madame Royale était accompagnée de madame la duchesse de Sérent, de sa fille cadette, et de Mlle de Choisy.

Rien au monde ne saurait donner une idée de l'entrevue du Roi avec Madame Royale. Il faisait ce jour-là une très-grande chaleur, et il y avait sur la route beaucoup de poussière. Du plus loin que la voiture de Sa Majesté put être aperçue, Madame descendit de la sienne. Le Roi en ayant été averti, en fit autant, et fut au-devant de sa nièce, à vingt-cinq pas de distance l'un de l'autre. La princesse se jeta à genoux dans la poussière, et, levant les bras au ciel, et fondant en larmes, se mit à crier.... *Mon père! mon père! Sire! mon oncle! excusez mon désordre;* elle ne put en dire davantage. Le Roi, ému aussi jusqu'aux larmes, la reçut dans ses bras, l'y retint assez long-temps presque évanouie, et enfin lui présenta monseigneur le duc d'Angoulême, qui, suffoqué de plaisir et de bonheur, ne pouvant proférer un seul mot, s'était emparé de la main de sa cousine, qu'il couvrait de baisers et de pleurs. Sa Majesté présenta à la princesse le comte d'Avaray comme son ami.

Madame Royale monta dans la voiture du Roi, et arriva ainsi à Mittau. A l'instant où elle mettait pied à terre, le Roi lui présenta M. le cardinal de Montmorency grand-aumônier de France, qui lui-même présenta M. l'abbé Edggworth, en qualité d'aumônier du Roi. La princesse dit aussitôt : *Ah ! monsieur a bien d'autres titres qui me sont sacrés!* Elle ne voulut pas que cette journée, cependant si heureuse, se passât sans qu'elle vît en particulier ce témoin des derniers momens du royal auteur de ses jours. Elle eut avec l'abbé Edggworth un entretien d'une heure, pendant lequel elle ne cessa de donner un libre cours et à sa douleur et à ses larmes.

Le 10 juin 1799, monseigneur le duc d'Angoulême épousa Madame Thérèse, fille de Louis XVI. La bénédiction nuptiale leur fut donnée par M. le cardinal de Montmorency, grand-aumônier de France, assisté du pasteur de l'église catholique de Mittau. S. Exc. prononça aux deux époux un discours admirable et touchant, que je regrette bien de ne m'être pas procuré.

Peu de jours après le mariage de L. A. R., M. le comte Étienne Damas épousa mademoiselle de Sérent, fille cadette de madame la duchesse de Sérent. L'acte de mariage de monseigneur le duc et de madame la duchesse d'Angoulême, est déposé dans les archives de la chambre des finances de Mittau.

Dans le courant de juin (1799), l'arrivée à Mittau d'un inconnu y fit événement. Si l'on se reporte à cette époque, on se ressouviendra que rien n'était plus difficile que de pénétrer en Russie, surtout du côté de la frontière prussienne, et que l'on n'y était reçu qu'avec un passe-port signé de Paul Ier. L'inconnu, voyageant en poste sous un nom allemand, et sous la qualité de négociant (Koffmann), arriva à Mittau sur les neuf heures du soir. Conduit par la garde des portes chez M. Driesen, gouverneur, celui-ci, qui semblait l'attendre, le fit monter aussitôt dans sa voiture, le mena au château, le mit entre les mains de M. le comte d'Avaray, et se retira. M. le comte d'Avaray écrivit aussitôt au Roi, qui, dans ce moment-là, et suivant son usage, faisait un wisk. Sa Majesté quitta sa partie, et, sans dire un seul mot à personne, descendit chez le comte d'Avaray. Arrivé au bas de l'escalier, le Roi se retournant par hasard, aperçut M. de Villequier qui le suivait un bougeoir à la main. Ayant l'air surpris et presque fâché, Sa Majesté lui dit : *Monsieur, je veux être seul.* Le Roi entra dans l'appartement du comte d'Avaray, puis dans le cabinet, dont les portes furent aussitôt refermées. Sa Majesté y resta plus de deux heures, et se retira ensuite. Le comte d'Avaray envoya chercher à la bouche quelques rafraîchissemens, et écrivit à M. Driesen. A peine une demi-heure fut-elle écoulée, que celui-ci arriva, reprit l'inconnu dans son carrosse, le conduisit à l'hôtel du Gouvernement, où, sans perdre un moment, l'étranger monta dans sa voiture, attelée de chevaux frais, et reprit la route de Pologne.

Le lendemain toutes ces particularités ayant transpiré, excitèrent la curiosité générale; elle augmenta encore lorsqu'on apprit que depuis quelque temps M. Driesen, gouverneur de la Courlande, prévenu de l'arrivée de ce personnage mystérieux, avait reçu des ordres pour qu'il fût protégé dans sa route de Pologne à Mittau, et qu'il n'y éprouvât ni désagrément, ni le moindre retard. On ne put qu'en conclure que c'était un personnage de la plus haute importance. Tout aussi curieux de le connaître que qui que ce fût, je m'aperçus aisément qu'on avait résolu de garder le secret le plus inviolable à son sujet; je me donnai bien de garde d'en parler à M. le comte d'Avaray, mais je questionnai *Pottin,* son valet-de-chambre; il me dit que lorsqu'il avait introduit le Roi dans le cabinet de son maître, celui-ci se hâta de refermer la porte, mais pas assez promptement pour l'empêcher de voir un jeune homme de belle taille, de vingt-quatre à vingt-cinq ans, avec de beaux cheveux, et en habit de voyage, se jeter tout en larmes aux pieds du Roi. Je savais que depuis quelque temps, madame la duchesse d'Orléans sollicitait auprès du Roi la grâce de son fils; je savais que, quelque bien disposée que fût Sa Majesté à la lui accorder, ne négligeant aucun moyen d'être bien avec l'empereur Paul, et d'avoir quelque mérite auprès de lui, ce qui n'était pas facile avec un prince aussi violent et aussi ombrageux, le Roi avait fait suggérer à madame la duchesse d'Orléans de lui faire demander cette grâce par l'entremise de l'empereur, qui en avait effectivement fait la demande au Roi. Je ne doutai plus alors que le personnage en question ne fût M. le duc d'Orléans. Quant au silence que gardait le cabinet de Mittau sur cet événement, j'en trouvai le motif dans la tendresse du Roi pour madame la duchesse d'Angoulême. Cette princesse adorable méritait assurément bien que son oncle cherchât à lui éviter tout ce qui pourrait lui rappeler des souvenirs affreux. Tant que j'ai été auprès du Roi, par discrétion, je n'ai pas cherché à acquérir à ce sujet aucune certitude ; et ce n'est que le 12 mars 1813, que je l'ai pleinement acquise par la lecture d'une lettre du Roi au duc d'Harcourt, son ambassadeur en Angleterre, dont, par hasard, j'ai eu connaissance, et que voici :

Mittau, 27 juin 1799.

« Je m'empresse de vous faire part, M. le duc, de la satisfaction que j'éprouve d'avoir pu exercer ma clémence en faveur de M. le duc d'Orléans mon cousin. Sa respectable mère, cette princesse vertueuse, a été trop grande dans ses malheurs pour recevoir de ma part une nouvelle atteinte qui aurait porté le désespoir et la mort dans son cœur. Elle a été l'intermédiaire entre son Roi et son fils. J'ai accueilli avec sensibilité les larmes de la mère, les aveux et la soumission d'un jeune prince que son peu d'expérience avait livré aux suggestions coupables d'un père monstrueusement criminel. Cette détermination a été prise de l'avis de mon conseil, et j'ai la bien douce satisfaction que tous les membres ont prononcé d'une voix unanime les mots de clémence et de pardon.

Outre l'obligation où je suis de prévenir mes ministres de ces heureux événemens, je vous dois quelque observations particulières qui peuvent nécessairement en résulter.

»Vous êtes au milieu d'une nation hospitalière, auprès d'un Roi magnanime, d'un gouvernement loyal et généreux qui a accueilli avec humanité tous les malheureux Français que le crime avait bannis de leur patrie. Le nombre en est si grand! mais parmi ces fugitifs intéressans, il peut s'en trouver qui ne soient pas sans reproches par leurs projets de vengeance. La persécution et le malheur ont aigri leurs esprits; mais l'espérance en les rassurant a dû les calmer, et celui qui avait abandonné sa patrie pour le rétablissement du pacte social et pour éviter la mort, doit souffrir, se taire et pardonner, en prenant pour modèle son Roi, et pour exemple les princes de son sang qui ont éprouvé les mêmes irritations. Vous ferez connaître mes intentions aux Français de toutes les classes qui habitent le même royaume et la même ville que vous. Je saurai récompenser ceux d'entre eux qui auront mérité et qui mériteront ma bienveillance et ma confiance par leur conduite ultérieure, dégagée de toute espèce de vengeance et de réaction, mais je saurai également distinguer les ambitieux, les turbulens, apprécier leur valeur et les contenir par la loi dans les bornes du devoir et de la nécessité. Je veux pardonner; tous ceux du dehors et du dedans auront une égale part à mon affection paternelle, et certes il en est dans cette dernière classe *dont j'aimerais à faire un des appuis de mon trône.* Leur valeur guerrière.... ah! elle m'a fait verser bien des larmes de douleur et d'admiration! Toutes mes pensées se fixaient alors sur l'égarement de mon peuple, sur l'audace et les crimes de ses corrupteurs et de ses tyrans. Je finissais par comprendre ou plutôt par espérer que les effets et l'empire du crime auraient leur terme, puisque les grands criminels éprouvaient chaque jour la juste punition de leurs forfaits.

» Un objet intéressant anime mes sollicitudes et afflige ma sensibilité : c'est celui des meurtres partiels qui se commettent dans les provinces de l'ouest et du midi. Non-seulement je désapprouve tous ceux qui ne s'enrôlent pas dans l'armée royale pour combattre sous les drapeaux de l'honneur, et qui osent commettre des brigandages en mon nom, mais je ne puis voir dans ces attentats trop souvent multipliés qu'une manœuvre odieuse de quelques scélérats pour fournir aux usurpateurs de mes droits un prétexte toujours renaissant de calomnier mes intentions et mes projets de clémence. Grand Dieu! que puis-je espérer de mes vues paternelles et bienfaisantes pour tous, si quelques hordes de brigands se permettent de commander le crime et de le faire commettre au nom de leur Roi légitime. Vous savez, monsieur le duc, quels sont mes projets pour les provinces où j'ai reconnu mes plus fidèles sujets. Vous savez que j'ai cherché à y former une armée redoutable qui recevra bientôt de puissans secours. C'est moins pour les conquérir que pour éviter de nouvelles effusions de sang et

11.

mettre de toutes parts la faction de la France hors d'état de nuire à la masse de mes sujets, soit dans leurs personnes soit dans leurs propriétés; ainsi donc je vous ordonne de faire prévenir les chefs qui peuvent être à leurs postes, que chacun dans sa division demeure responsable des crimes d'assassinat qui pourraient être commis dans la suite. Obligé de recréer la grande machine du gouvernement français, auquel ma cruelle destinée m'appelle, dans quelle circonstance je mets la main à cet ouvrage! Un peuple épuisé, fatigué, abîmé de tous les forfaits des vils usurpateurs qui se sont succédé avec la rapidité du vautour! il aura besoin de recevoir à l'instant des soulagemens, et c'est sur ce point que toutes mes affections se fixent.

» Je suis le premier et presque le seul auteur de la proclamation qui va être adressée aux Français, au moment de ma rentrée dans mon royaume; c'est mon cœur qui l'a dictée. Mon conseil étroitement uni à moi, n'a fait qu'éclairer ma marche; une amnistie générale et sans restriction en fera le premier article, et tous les autres seront extrêmement rapprochés des désirs du peuple, du soulagement de ses maux, de leur terme, de ses droits civils et politiques; en un mot, leur Roi ne négligera rien pour convaincre les Français que s'il désire d'arracher le trône de ses pères des mains de ses cruels tyrans, il veut plus encore reconquérir leur affection et régner sur leurs cœurs.

» Signé LOUIS. »

D'après le traité conclu entre les empereurs d'Allemagne et de Russie, pour faire la guerre de concert au gouvernement français, le passage par Mittau des troupes formant l'armée, commandée par le maréchal Suvarow, ne discontinua point pendant la fin de l'année 1798 et le commencement de 1799. Le maréchal ferma à peu près la marche. Sitôt son arrivée à Mittau, il fit demander une audience au Roi, et, en grand uniforme, vint lui rendre ses hommages. Sa Majesté, prévenue

de l'arrivée du maréchal, sortit de son cabinet de quelques pas pour aller au devant de lui. Le maréchal mit un genou en terre, baisa avec respect l'un des pans de l'habit du Roi, et malgré les efforts de Sa Majesté qui l'embrassait et voulait le relever, il resta long-temps, la tête presque entre les jambes du Roi; puis, dès qu'il fut relevé, Sa Majesté lui présenta monseigneur le duc d'Angoulême, dont, après une très-profonde inclination, le maréchal prit et baisa aussi les pans de l'habit. Le Roi lui témoigna sa vive douleur de ne pouvoir le suivre, partager ses dangers, et être témoin de ses succès. Le maréchal lui répondit : « Sire, laissez-moi les chasser d'Ita-
» lie ; ce ne sera pas long, et je n'emploierai
» pas beaucoup de poudre. Je prie Votre
» Majesté de me permettre de lui donner
» rendez-vous l'année prochaine en Alle-
» magne. » Le maréchal ne resta qu'une heure avec le Roi; nous le reconduisîmes. Arrivé dans la salle des gardes-du-corps, et entouré d'eux, il leur adressa les paroles les plus

flatteuses sur leur dévoûment et sur leur fidélité au Roi et à l'honneur. Puis, nous parlant de ses projets et de ses espérances, il nous dit avec une expression qu'il est impossible de rendre : *Les fidèles serviteurs du Roi... honneur et protection; les jacobins, point de quartier*. Arrivé au haut de l'escalier, M. l'abbé de Tressan lui présenta un de ses ouvrages; le maréchal le reçut avec les démonstrations de la plus vive reconnaissance, mit le livre sur son cœur, le baisa, et le remit après à l'un de ses aides-de-camp. Tous les Français qui étaient auprès du Roi ne quittèrent pas le maréchal qu'il ne fût remonté dans sa voiture. Beaucoup même le suivirent à son hôtel; là, après s'être déshabillé, il passa dans un cabinet, où, tout nu, il se fit arroser à plusieurs reprises d'eau froide, et s'étant vêtu d'une pelisse, il repassa dans le stube commun. Là, sur une table ronde, assez grande et sans serviettes, on lui servit un grand plat de millet, et, entre autres, un de harengs, dont lui et ses quatre aides-de-camp mangèrent debout. Puis on leur servit du punch. Sitôt après ce repas, qui ne dura pas plus d'un quart d'heure, il entra seul dans un kibick en traîneau, avec un petit coffre à côté de lui; les quatre aides-de-camp, dans deux autres kibicks en traîneau, le suivaient immédiatement, de même que tous ses gens aussi en traîneaux.

Monseigneur le duc d'Angoulême partit vers la fin d'avril pour l'armée de Condé, accompagné de M. le comte Étienne de Damas.

Dans l'automne de 1799, il fut dit à l'ordre du détachement des gardes-du-corps du Roi, que le général Dumouriez étant mandé à Pétersbourg, passerait incessamment par Mittau; que le Roi désirait le voir, et que Sa Majesté espérait et demandait qu'on ne lui fît éprouver aucun désagrement. Il ne fallut rien moins que cette manifestation des intentions du Roi pour contenir tous ses fidèles serviteurs. Un jour, à une heure après midi (je ne puis me rappeler la date juste), revenant du château, je me croisai dans la grande rue avec deux chaises de poste, escortées par des soldats du corps-de-garde de la ville; ce qui indiquait que c'était des voyageurs étrangers. Présumant qu'ils allaient à l'hôtel Saint-Pétersbourg, et que ce pouvait être Dumouriez et sa suite, je retournai sur mes pas, et assez vite pour devancer les voitures et pour avertir plusieurs gardes-du-corps; mes présomptions les déterminèrent à l'attendre. Je vis bientôt descendre de la première voiture un gros homme court, affublé d'une pelisse énorme, qui le doublait de volume coiffé d'un bonnet fourré. Me trouvant le premier sur son passage, il me dit avec un air assez interdit et peut-être embarrassé de nos croix de Saint-Louis et de ma cocarde blanche, « Monsieur, je suis Dumouriez; je viens ici » par l'ordre de l'Empereur et avec l'agrément » du Roi : oserais-je vous prier de me dire les » moyens de faire savoir à M. le comte de » Saint-Priest, que je suis arrivé et que j'ai » de l'argent à lui remettre. » Je lui répondis que j'allais en donner avis au château, et j'y envoyai de suite. Le même soir, après avoir eu une conférence avec M. d'Avaray et M. de Saint-Priest, le général Dumouriez fut introduit secrètement par un escalier dérobé dans le cabinet du Roi, et resta deux heures avec Sa Majesté. Le lendemain, sans avoir vu d'autres personnes que M. D'Avaray et M. de Saint-Priest, il partit de grand matin pour Pétersbourg, où il resta long-temps. D'après ce que nous apprîmes depuis à ce sujet, Paul Ier fut assez content de ses plans; quoiqu'il en soit, il le traita bien et le recommanda au Roi. A son retour à Mittau, ce général fut solennellement présenté à Sa Majesté, et, pendant huit jours qu'il y resta, il eut toujours l'honneur de manger avec elle. Au premier repas, quoique MADAME, duchesse d'Angoulême, eût été prévenue, la présence de Dumouriez lui fit une telle impression, que Son Altesse Royale fut sur le point de s'évanouir. Pendant le temps qu'il resta à Mittau, il parut fort peu à son aise; il n'éprouva, il est vrai, aucun désagrément, mais à la manière dont on se comportait avec lui, il ne put se méprendre sur l'opinion qu'on en avait. Il vint me voir, et pendant le temps assez long que je passai seul avec lui, il eut continuellement à la main une boîte d'or avec un médaillon où était le portrait de Louis XVI; il me dit que cette boîte, qu'il montrait avec affectation, lui avait été donnée par cet infortuné prince, à l'époque de son ministère; il ne cessa de m'en parler; enfin, à l'entendre, jamais il n'avait existé un Français plus fidèle. Il fut s'embarquer à Riga, et partit pour l'Angleterre avec M. le vicomte d'Agoult.

Lorsque Paul Ier eut envoyé au roi les ordres de Saint-André et de Malte, le Roi chargea M. le comte de Cossé de lui porter son ordre de Saint-Lazare ; et quelque temps après, il chargea M. l'abbé Edgworth de lui remettre l'ordre du Saint-Esprit. Le respectable abbé fut parfaitement accueilli de l'Empereur et de l'Impératrice, et pendant trois mois qu'a duré sa mission, Paul Ier l'a toujours traité avec les mêmes bontés. Il lui demanda de choisir celui de ses ordres qu'il voudrait porter; mais l'abbé refusa, motivant son refus sur son caractère sacerdotal qui ne lui permettait pas de se décorer d'aucun ordre. L'Empereur lui donna une superbe et très-grande tabatière entourée de gros brillans, avec son portrait entouré de même, une des plus belles enfin qu'il put trouver dans son trésor. Il y joignit le brevet d'une pension de 500 ducats. Lorsque l'abbé Edgworth fut prendre congé de Paul Ier, il fut introduit dans son cabinet particulier. Là, seul avec l'Empereur (qui était en uniforme, avec épée, bottes, etc.) il fut fort étonné de voir le Czar mettre la main sur la garde de son épée et lui adresser la parole en ces termes : « Monsieur l'abbé, cette épée était destinée » à remettre votre maître sur son trône ; » mais mes alliés m'ont trahi, je ne sais plus » que me venger. »

Après l'échange des ordres entre le Roi et l'Empereur, notre maître désirant laisser au général Fersen et au baron Driesen, commandans militaires, un témoignage de satisfaction et de reconnaissance pour la manière dont ils s'étaient conduits envers tous les Français, sollicita de l'Empereur son agrément pour leur conférer à l'une et à l'autre son ordre de Saint-Lazare.

Le Roi me fit remettre une note écrite en entier de sa main, pour que j'en fisse usage dans ma correspondance avec la France. L'intention du Roi était de faire connaître le comte d'Avaray tel qu'il était, et non d'après le portrait qu'en faisaient ses ennemis, de plus en plus jaloux de la confiance entière et de la tendre amitié dont Sa Majesté l'honorait. Cette note, rédigée pour être envoyée en France, me parut si précieuse, qu'il me fut permis de n'envoyer que la copie.

L'empereur Paul donna au Roi, pour y passer la belle saison, le château de Wirtehaw à trois lieues de Mittau. J'y fus avec Sa Majesté, qui n'emmena avec elle que MM. d'Avaray, de Villequier, de Guiche, d'Agoult; Mesdames de Serent, de Damas et de Choisy.

Le 19 janvier 1801, le comte de Caraman, ambassadeur du Roi à Pétersbourg, arriva inopinément à Mittau. Sans cause à lui connue, et sans en être prévenu, il avait reçu ordre de l'Empereur de partir dans vingt-quatre heures.

Le général Fersen, en exécution de l'ordre que venait de lui apporter un courrier extraordinaire, monta au château, plus mort que vif, pour signifier au Roi de quitter Mittau dans vingt-quatre heures. Le Roi serait parti le même jour, sans l'époque fatale du 21 janvier (sur laquelle probablement on ne s'était pas trompé), époque que Mme la duchesse d'Angoulême consacre au jeûne, aux larmes, aux prières et à la retraite la plus absolue. Ce fut l'abbé Edgworth qui fut annoncer cette affreuse nouvelle à Son Altesse Royale.

Par le même courrier, dépêché au général Fersen, M. Driesen, gouverneur de Mittau, avait reçu l'ordre de délivrer les passe-ports nécessaires pour le voyage du Roi, mais seulement pour douze personnes. Mme la duchesse d'Angoulême n'était pas comprise dans cet ordre; mais le Roi ne voulut pas s'en séparer, ni elle abandonner son oncle.

Le Roi fixa donc son départ pour le lendemain 22; mais Paul Ier, en intimant l'ordre, n'avait pas même songé aux moyens de finances nécessaires pour qu'il pût s'effectuer; celles du Roi étaient épuisées. Six mois du traitement que Sa Majesté recevait de la Russie étaient expirés et dus. Le duc de Villequier fut, de la part du Roi, trouver M. Arseniew, vice-gouverneur, et en cette qualité président de la chambre des finances de Courlande, pour lui faire connaître la situation et les besoins du Roi. M. Arseniew dit à M. de Villequier, qu'il n'y avait aucune difficulté à ce que la régence de Mittau payât au Roi les cent mille roubles des six mois échus, mais que dans le moment les fonds manquaient au trésor. Pour remédier à cet inconvénient, ce fut lui-même qui proposa de donner une obligation des cent mille roubles, payables deux jours après, attendu que sur ce titre on trouverait facilement des banquiers à Riga qui en feraient l'avance. Ce moyen fut accepté. M. Arseniew fit en présence du Roi une obligation des cent mille roubles, et Sa Majesté devant lui-même donna sa procuration à M. le duc de Villequier, pour en négocier les fonds. Celui-ci envoya aussitôt un courrier à M. de Giberville, chargé des affaires du Roi à Riga. Plusieurs banquiers, sur l'obligation de M. Arseniew, non-seulement ne firent aucune difficulté, mais, par vénération pour le Roi, s'empressèrent de fournir la somme de 3,604 ducats demandés à compte de 100,000 roubles.

La position cruelle du Roi n'empêcha pas Sa Majesté de penser à ses fidèles gardes-du-corps qui étaient navrés de douleur. Pour y apporter toute la consolation qui était en son pouvoir, le Roi daigna leur écrire la lettre suivante :

DE LA FAMILLE ROYALE.

Lettre du Roi à ses Gardes-du-Corps.

« Une des peines les plus sensibles que j'éprouve au moment de mon départ, c'est de me séparer de mes chers et respectables gardes-du-corps. Je n'ai pas besoin de leur recommander de me conserver une fidélité gravée dans leurs cœurs, et si bien prouvée par toute leur conduite; mais que la juste douleur dont nous sommes pénétrés, ne leur fasse jamais oublier ce qu'ils doivent au Monarque qui me donna un asile, qui forma l'union de mes enfans, et dont les bienfaits assurent mon existence et celles de mes fidèles serviteurs. Mittau, 22 janvier 1801.

Signé LOUIS.

M. le comte d'Avaray, en adressant cette lettre à M. le vicomte de Monchal, commandant le détachement des cent gardes-du-corps de service auprès de la personne du Roi à Mittau, écrivit aussi aux gardes-du-corps dont il était capitaine; sa lettre était conçue en ces termes :

« Quand le Roi exprime lui-même ses sentimens à ses fidèles gardes-du-corps, je dois me ranger parmi eux pour jouir en commun des bontés de notre maître. Je n'ai donc qu'un but en ce moment, celui de témoigner à tous ces messieurs le désir de vivre dans leur souvenir, et de leur renouveler l'expression des sentimens dont mon dévoûment au Roi et à MADAME leur sera le garant.

Mittau, le 22 janvier 1801. *Signé* d'AVARAY.

JOURNAL

DU VOYAGE DU ROI LOUIS XVIII,

Le 22 janvier 1801.

ORDRE ET MARCHE DES VOITURES.

LE CHARIOT DE CUISINE,

Partant quelques heures en avant : Mouillard, Barces, l'Hôpital, Larue.

BERLINE DE MADAME LA DUCHESSE D'ANGOULÊME.

Le Roi, madame la duchesse d'Angoulême, M. le

DE LA FAMILLE ROYALE.

comte d'Avaray, madame la duchesse de Sérent; Thomas, D'Helzéne.

BERLINE DU ROI.

M. Perronet, madame Hue, M. Guignet, Palicane, Haumont, Charrier.

SERVICE DE LA CHAMBRE.

Deux valets de chambre, deux femmes de chambre.

TROISIÈME VOITURE.

M. le duc de Fleury, M. l'abbé Edgworth; Hérin, Doucet.

QUATRIÈME VOITURE.

D'Hardouineau, M. l'abbé Fleuriel; Pottin, Lavallée.

CHARIOT D'ÉQUIPAGES.

Coutant (resté à Mémel, réformé); Alexandre.

VOITURE MARCHANT A UN JOUR DE DISTANCE DU ROI.

M. Lefaivre, M. Colon, Morel, Vaillant.

AUTRE VOITURE.

Mademoiselle de Choisy, M. l'abbé Marie (mort à Mémel, remplacé à Konigsberg par M. le vicomte d'Agoult); M. de Luhergue (resté à Mémel); Julie, Vincent, Dupré.

VOYAGE DU ROI.

Jeudi 22 janvier 1801.

Le Roi est parti le jeudi 22 janvier 1801, à trois heures et demie; Sa Majesté est allée coucher à Doblen (quatre milles), chez le baron de Kogt, qui, sans être prévenu de l'arrivée de Sa Majesté, a voulu la recevoir dans son château.

Le même soir est arrivé un courrier apportant les passe-ports et une lettre du général Fersen, où il exprimait au Roi toute sa douleur sur la circonstance du moment.

M. le comte d'Avaray a répondu au général Fersen.

Le 23, le Roi est parti à huit heures du matin, et a déjeuné à Beckoff, à quatre milles de Doblen. Sa Majesté en est partie à deux heures pour Franembourg (huit milles), à quatre milles de Doblen, et a couché à la Poste : gîte épouvantable.

La conversation de cette journée a roulé

en entier sur les détails de la prison du Temple, si intéressans par le contraste qu'ils offrent sans cesse de l'atroce et froide cruauté des bourreaux, avec le courage et la résignation héroïques des victimes. Ces détails recevaient encore un nouveau degré d'intérêt par le calme et la douceur avec lesquels daignait les donner madame la duchesse d'Angoulême. Cette princesse adorable, victime elle-même, et dont le cœur angélique ne connut jamais la vengeance, ne se souvient de tout ce qu'elle a perdu, de tout ce qu'elle a souffert, que pour y donner des larmes, plaindre les auteurs de tant de forfaits, et les leur pardonner.

Dans cette journée, le chariot de cuisine a versé. Larue a eu la clavicule cassée, et est retourné à Mittau.

En disant que le gîte à Franembourg était mauvais, je n'en ai pas assez dit. C'était un vrai cabaret, et quel cabaret! Il y avait au moins soixante paysans rassemblés dans le stube commun qui faisait à peu près toute la maison. Il faut connaître ce pays et ses usages pour se faire l'idée d'une telle société, de la puanteur insupportable ainsi que des nausées de tabac, de bière et d'eau-de-vie qui en émanent. Un petit hangar où je passai la nuit, était à côté d'une espèce de fournil, où coucha notre adorable Princesse. Elle ne le sut que le lendemain matin; la trouvant à six heures à sa porte elle daigna me dire : « Si je vous avais su si près de moi, j'au- » rais été plus tranquille; j'ai craint toute la » nuit qu'on ne vînt enfoncer ma porte. Nous » sommes ici dans une caverne de voleurs. » Navré de sa position, je ne pus m'empêcher de le témoigner. « Je ne suis point à plaindre, » me répondit-elle, je ne souffre que de voir » tant de malheureux autour de moi. »

Le 24, de grand matin, Picard est arrivé porteur d'une note de M. Henrion contenant l'avis que, malgré les engagemens pris, malgré la procuration donnée par le Roi à M. le duc d'Aumont, pour signer le reçu des 100,000 roubles, et qu'il a assuré lui-même à Sa Majesté, être suffisante, le vice-gouverneur

(M. Arseniew) se refuse absolument à payer lesdits 100,000 roubles qu'il n'ait reçu d'autres instructions de sa cour.

Ce retard inattendu mit M. de Giberville dans le plus grand embarras, puisque les 3,604 ducats qu'il avait obtenus par avances des banquiers de Riga, sur les 100,000 roubles, devaient être remboursés le 24.

MM. Henrion et de Giberville proposent, d'après le refus obstiné et invincible du vice-gouverneur, de renvoyer les 3,604 ducats.

M. le comte d'Avaray répond à M. Henrion, que le Roi n'a eu d'autre désir que de se conformer à celui de l'empereur Paul en sortant de ses États; que, dénué absolument de ressources, il lui a fallu subir l'opération de finances dont il a été chargé; que Sa Majesté ne s'y est cependant déterminée que sur l'assurance positive que lui a donnée le vice-gouverneur, que sa procuration laissée à M. le duc d'Aumont était suffisante, et que le paiement des 100,000 roubles n'éprouverait aucune difficulté.

Ce nouvel incident, aussi inattendu que surprenant, a jeté notre maître dans le plus grand embarras.

Le Roi ne pouvait se dessaisir des 3,604 ducats, puisque, sans cette somme, il n'aurait pu continuer sa route; mais si contre toute attente les 100,000 roubles n'eussent pas été payés, Sa Majesté offrait sa parole royale, que, regardant cette dette des 3,604 ducats comme sacrée et privilégiée, elle la ferait rembourser le plus tôt possible.

Le Roi est parti à huit heures de Franembourg pour Schrunden, à quatre milles de Franembourg. Avant d'y arriver, Sa Majesté est descendue de voiture par prudence, a passé la rivière, et s'est rendue à pied à l'auberge où elle a déjeuné. Dans cette occasion, le Roi a marché par un froid très-rigoureux pendant une grosse demi-heure, et s'est frayé lui-même un chemin dans la hauteur de sept à huit pouces de neige. Mme la duchesse d'Angoulême a pris le bras de l'abbé Edgworth; je donnais le mien à Mme la duchesse de Sérent, ou plutôt je la portais, car, très-délicate, mal portante et transie de froid, quoique le Roi lui eût donné sa pelisse, elle craignait de ne pouvoir pas arriver. Sa Majesté marchant avec peine, avait à côté d'elle M. d'Avaray. Nous passâmes la rivière et fûmes à pied jusqu'à l'auberge de Schrunden. Le duc de Fleury ne quitta point les voitures, qui avaient pris un chemin plus long, mais meilleur; avec les voitures se trouvait le reste des gens et de la suite du Roi.

Après avoir déjeuné, le Roi partit de Schrunden pour aller coucher à Drogen, à quatre milles de Schrunden; ceux qui se portaient en avant, ayant annoncé le Roi, le maître de l'auberge de Drogen proposa à un capitaine d'infanterie russe, qui occupait l'appartement, de se retirer dans une autre partie de la maison. Cet officier nommé Trusewisch, élevé au corps des Cadets Stabs, et capitaine de grenadiers au régiment d'Essen, s'y refusa; la femme de l'aubergiste eut beau le supplier, et lui représenter, les larmes aux yeux, le tort qu'il ferait à sa maison, tout fut inutile; le capitaine persista dans son refus. Le Roi fut obligé de continuer sa route, et arriva très-tard à Ilmagen, à un mille de Drogen (neuf milles).

Le Roi coucha donc le 24 à Ilmagen, et là, l'auberge se trouva si mauvaise et si petite, que Sa Majesté reçut dans sa chambre, pour y coucher, M. le comte d'Avaray et M. l'abbé Edgworth. Mme la duchesse d'Angoulême, réduite également à une chambre de huit pieds de large, sur douze de long, y reçut Mme Hue, Mme la duchesse de Serent et sa femme-de-chambre. N'oublions pas de dire, qu'attendu la rigueur du froid et l'humidité de la chambre, on y avait mis à la hâte un poêle, qu'on poussa, certainement par bonne intention, à un tel degré de chaleur, que la santé de MADAME fut plus exposée, pendant toute cette mauvaise nuit, que dans le fournil qu'elle avait occupé la veille, quelque humide et glacial qu'il eût été.

La conversation de toute cette journée

fut relative aux circonstances du moment.

Le 25, le Roi partit à huit heures un quart d'Ilmagen, pour se rendre à Thadeyeken, à trois milles d'Ilmagen.

En descendant à Thadeyeken, chez le baron de Sass, Sa Majesté y éprouva un instant de consolation, par la réception que lui fit à déjeuner ce brave Courlandais. Depuis notre première arrivée dans son pays, il ne s'était jamais démenti; il n'avait cessé de rendre à notre auguste maître, tout ce que son noble caractère et ses malheurs méritaient et mériteront toujours aux yeux d'un loyal gentilhomme.

Le Roi partit de Thadeyeken pour aller coucher à Oberbartau. A l'instant du départ de Sa Majesté de Thadeyeken, le jeune baron de Sass, désolé de ne s'être pas trouvé chez lui à Ilmagen pour y recevoir le Roi à son passage, arriva chez son père, supplia Sa Majesté d'agréer ses excuses, et de lui permettre de l'accompagner jusqu'à la frontière.

Ainsi le Roi trouva dans une terre étrangère des cœurs assez généreux pour compatir aux malheurs d'un prince plus grand encore que son infortune.

Le Roi partit de Thadeyeken pour se rendre à Oberbartau, à quatre milles, et y coucha (sept mille).

Le 26, le Roi est parti à huit heures d'Oberbartau, pour se rendre à Rulzaw, à quatre milles, où Sa Majesté a déjeuné. Elle a fait l'accueil le plus honorable à M. Degrandidier, qui a eu l'honneur de lui être présenté, et qui était venu exprès de Libau, pour se trouver au passage du Roi. Ce gentilhomme s'est retiré confus et pénétré des bontés de Sa Majesté, et en a emporté de son caractère une idée supérieure encore à celle qu'il s'en était formée.

Le Roi est parti à une heure de Rulzaw, et est arrivé à quatre heures et demi à Polangen, après avoir fait quatre milles. Sa Majesté ne s'est arrêtée à la douane que le temps nécessaire pour changer de chevaux.

DE LA FAMILLE ROYALE. 189

Toutes les circonstances qui ont accompagné le départ du Roi de Mittau, ont été si extraordinaires, qu'on s'attendait à quelques mesures semblables à l'instant où le Roi se présenterait pour passer la frontière russe. Craignant quelque nouvel outrage dans la visite de ses papiers, Sa Majesté les remit à sa nièce, qui les tint cachés sous ses vêtemens. Le Roi, lui-même, était tout aussi peu rassuré, et semblait craindre quelques mesures hostiles envers MADAME : et n'étions-nous pas fondés à les redouter, d'après l'obstination que l'on avait mise, à Mittau, à ne point lui délivrer des passe-ports? Le Roi jugea qu'on devait l'en prévenir à temps; il ordonna en conséquence à M. le duc de Fleury de prendre les devans, de sonder le terrain, de même que les dispositions des troupes russes, et il lui dit : « Si » les choses se passent bien, vous vous pré- » senterez à la portière de mon côté; dans » le cas contraire, vous vous présenterez du » côté de ma nièce. — Oh ! mon Dieu !

» s'écria Madame, me voilà encore réservée
» pour le mauvais côté ! — Vous avez raison,
» mon enfant, reprit le Roi, c'est pour
» moi seul que doit être le malheur; duc
» de Fleury, si les choses vont mal, vous
» viendrez de mon côté. » M. le duc de
Fleury partit à cheval avec le baron de Sass,
qui voulut l'accompagner. Il trouva tout dans
les meilleures dispositions; et ce fut avec un
plaisir difficile à rendre, que nous le vîmes
se présenter à la portière de Madame. A l'arrivée du Roi, la troupe du corps-de-garde,
avec son drapeau, prit les armes, et rendit
au Roi les honneurs dus à la majesté royale.

Le jeune baron de Sass, qui avait obtenu la permission d'accompagner le Roi
jusqu'à la frontière, prit congé de Sa Majesté,
après s'être rendu fort utile pendant tout ce
trajet. Le Roi lui en a témoigné toute sa
satisfaction.

Sa Majesté avait le projet d'aller coucher ce
même jour 26, à Mémel; mais aux approches
de la mer, il survint une tempête affreuse; des

DE LA FAMILLE ROYALE. 191

ouragans, des tourbillons de neige aveuglaient les hommes et effrayaient les chevaux; ce qui détermina le Roi, par commisération pour ses gens, à s'arrêter et à coucher à Nimmusats, première poste prussienne, à un demi-mille de Polangen. Le Roi, ainsi que madame la duchesse d'Angoulême, y furent très-mal, à cause du local très-resserré de l'auberge.

Le 27, le Roi n'est parti qu'à deux heures et demie de Nimmusats (trois milles), pour n'arriver qu'à la nuit tombante à Mémel. Sa Majesté y est effectivement arrivée à cinq heures, et est descendue chez la dame Klein, dont la maison avait été louée d'avance pour recevoir le Roi.

En arrivant sur le territoire de Prusse, le Roi a quitté tous ses ordres et a pris l'incognito le plus sévère, sous le nom du comte de Lille, et Mme la duchesse d'Angoulême, sous celui de la marquise de la Meillerage.

Quoique son arrivée n'eût donné lieu, à ce qu'il paraît, à aucune instruction du gouvernement, M. le comte de Lille a été reçu à

Mémel, avec l'intérêt dû à ses malheurs et à son rang. M. de Thumen, commandant militaire de la ville, tout en ne voulant point, disait-il, s'immiscer dans les affaires de la politique, a offert de rendre, et voulait même rendre à M. le comte de Lille tous les honneurs qu'on rend à un Roi.

M. le duc de Fleury, qui en reçut la proposition, les refusa. « Mais au moins, dit » M. de Thumen, MADAME *est Altesse* » *Royale, et je mettrai un factionnaire à* » *la porte de sa chambre.* Soit, reprit le duc » de Fleury, pourvu qu'il soit sans armes. »

Ce brave officier prussien, chercha et saisit avec la plus grande obligeance toutes les occasions de pouvoir être utile à la famille royale et à ses fidèles serviteurs.

M. le comte de Lille a eu encore la satisfaction de trouver à Mémel le consul de Danemarck, M. Lork, qui ne lui était point inconnu par les éloges mérités que n'ont cessé d'en faire tous les Français qui ont eu quelques rapports avec lui, et qu'il n'a cessé d'obliger. Il n'est aucun soin, aucune peine que M. Lork ne se soit donnés, tant pour l'établissement de M. le comte de Lille et de sa suite, que pour tous les détails qui le concernaient.

Le 28, M. Lork a eu l'honneur d'être présenté, ainsi que M. Condensur, son gendre, à M. le comte de Lille et à Mme la marquise de La Meilleraye, qui, l'un et l'autre, lui ont fait un accueil aussi favorable que distingué. Le 3, M. le consul Lork a eu l'honneur de dîner avec M. le comte de Lille.

Le 4, Mme la marquise de La Meilleraye, qui n'avait jamais vu de vaisseaux, s'est transportée à bord de *la Fortune*, capitaine Witt. Son Altesse Royale, accompagnée de Mlle de Choisy et de M. le comte d'Avaray, y a été reçue aux acclamations d'un grand concours de monde qui s'y était rendu, et aux cris répétés de *hourah*. M. Ancland, propriétaire du bâtiment, étant absent, sa femme en a fait les honneurs; elle avait rassemblé à cet effet les dames les plus distinguées de Mémel. Son Altesse Royale ayant pris séance au milieu d'elles dans la chambre du capitaine, accepta le déjeûner qui lui fut offert, une tasse de café et quelques gâteaux; elle engagea les dames à lui tenir compagnie; mais ce ne fut qu'après qu'elle eut achevé sa tasse de café, qu'on en servit à toutes les dames d'honneur réunies dans la même chambre. Son Altesse Royale y passa à peu près une demi-heure; elle fut véritablement adorable par les marques d'affabilité qu'elle s'empressa de donner à toutes les personnes qui eurent l'honneur d'être admises auprès de sa personne. Elle passa ensuite sur le pont, tenant le bras de M. Lork et se faisant donner des détails relatifs au navire. Mme Ancland et les autres dames accompagnèrent partout la princesse, qui enfin regagna le rivage, et monta en voiture aux cris redoublés de *hourah*. Aussitôt après le départ de Son Altesse Royale, madame Ancland et les autres dames se rendirent dans la chambre du capitaine, et se partagèrent à l'envi les miettes et les restes de gâteaux qu'avait touchés madame la marquise de la Meilleraye.

Le 8 M. Ancland, propriétaire du navire, étant de retour, fut admis à l'honneur de présenter ses hommages à Son Altesse Royale.

On attendait avec la plus vive impatience des nouvelles de Mittau; mais la poste qui aurait dû apporter des lettres du 5, n'en apporta que du 1er. Par un hasard qu'on ne peut expliquer que par la maladresse des commis de la poste russe, qui, en ouvrant toutes les lettres, y avait mis de la confusion, il s'en trouva une du 5, pour M. Hue, insérée dans une du 1er, pour M. l'abbé Edgworth. Cette lettre de Mme Hue en supposait de dates antérieures plus détaillées, et ne parlait que des effets du départ précipité et général de tous les Français qui étaient restés à Mittau.

Dans l'incertitude, on rejeta cet avis, qui, attendu tout ce qui l'avait précédé, n'était que trop vraisemblable. M. de La Balisnie, garde-du-corps, venait d'arriver à Mémel avec MM. de Morenbat, La Faire, chevalier de La

Faire, et Desrocher. Il confirma la nouvelle et toutes les craintes qu'elle avait fait naître. Lundi 26 janvier, à deux heures après midi, M. de Montchal avait donné l'ordre qui venait de lui être signifié, que dans l'espace de trois fois vingt-quatre heures, tous les gardes-du-corps eussent à sortir de Mittau, et à se rendre aux frontières, sans qu'il fût permis à qui que ce fût de les recevoir pour plus d'un repas, pendant leur trajet.

Le 9 février, à neuf heures du matin, le Roi voulut recevoir dans sa chambre les cinq gardes-du-corps arrivés la veille à Mémel; Sa Majesté leur dit : « J'éprouve, messieurs, » une grande consolation à vous voir; mais » elle est mêlée d'une douleur bien amère. » La Providence m'éprouve depuis long- » temps et en bien des manières, et celle-ci » n'est pas une des moins cruelles (ici le Roi » ne put retenir ses larmes); j'espère qu'elle » viendra à mon secours. Si le courage m'a- » bandonnait, le vôtre, messieurs, me soutien- » drait. Vous me voyez (en montrant le côté

» gauche de sa poitrine dépouillé de tous ses
» ordres), je ne peux même me réserver un
» ordre; je n'ai plus que des conseils à vous
» donner. Le meilleur est de filer sur Kœnig-
» sberg, pour ne point s'encombrer ici et y
» porter ombrage; il faut parer à tous les in-
» convéniens qui pourraient en résulter. Je
» viens d'ordonner des mesures pour vous
» faire arriver à Hambourg, où chacun pourra
» plus aisément prendre un parti ultérieur. »

On se figurera aisément à quel point ces cinq vétérans furent émus, de voir leur maître adoré verser des larmes sur la rigueur de leur sort. Ils répondirent à beaucoup de questions pleines d'intérêt et de bonté que leur fit Sa Majesté sur leurs camarades, et se retirèrent pénétrés à la fois d'amour, d'admiration et de respect, et navrés de la douleur la plus profonde.

Les jours suivans les gardes-du-corps eurent l'honneur d'être présentés au Roi à mesure qu'ils arrivaient, et d'en recevoir chacun les mêmes expressions de bonté et d'intérêt. J'assistais à toutes ces audiences, et à aucune je ne pouvais retenir mes larmes : à l'une d'elles, les chevaliers de Nacusson et de Montlezun furent émus jusqu'à sangloter. Le Roi, prenant la main de M. de Montlezun, lui dit : « Mon ami, quand on » a le cœur pur, c'est au jour de l'adversité » qu'un Français doit redoubler de coura- » ge. » Puis adressant la parole aux autres : » Si mon courage m'abandonnait, c'est chez » vous, messieurs, que j'irais apprendre à » me retremper. »

Dans cette crise, les gardes-du-corps ont montré un courage et une noblesse dont ils n'ont pu trouver les modèles que dans la conduite surnaturelle de leur maître. En effet, dans les différentes audiences que le Roi leur a accordées, tous ont dit à Sa Majesté qu'ils avaient éprouvé deux jouissances : celle de partager le sort de leur maître, et celle de lui avoir vu rendre toute la justice qui lui était due; car toutes les preuves d'intérêt et de commisération qu'ils avaient reçues, c'était

DE LA FAMILLE ROYALE. 199

à Sa Majesté seule qu'ils en étaient redevables.

Tous les habitans de Mittau, tous les gentilshommes de Courlande, dans leur empressement, se disputaient à qui viendrait le plus au secours des gardes-du-corps. Dans le nombre on doit distinguer M. le chancelier de Wolf, M. de Mirbactz, M. d'Herschau, M. Besner, M. le chambellan de Funck, MM. de Sass, d'Ilmazen, etc. Quelque gêné que le Roi fût dans ses finances, il ne dédaigna pas de s'occuper de celles de ses fidèles gardes. Je reçus du Roi l'ordre de prendre les informations les plus exactes sur leurs moyens d'existence, et de venir, au moins pour le moment, sans me limiter la somme, au secours des plus nécessiteux; je fis même un travail pour que les vieillards eussent droit à une pension de 600 fr. par an, quoique le nombre fût assez considérable; le Roi n'hésita point d'approuver mon travail; et la somme pour cette destination a été non-seulement régulièrement payée à Hambourg, mais encore augmentée pour plusieurs vétérans des gardes-du-corps.

Le sort de ces serviteurs fidèles fut aussi l'objet de la sollicitude de Mme la duchesse d'Angoulême.

Le 11, Son Altesse Royale fit appeler M. le vicomte d'Agoult, et lui dit qu'elle était désolée de ce que sa position ne lui permettait pas de venir au secours des gardes-du-corps, d'une manière efficace; mais qu'elle voulait cependant y mettre le denier de la veuve; elle lui remit en conséquence cent ducats pour être distribués aux plus gênés d'entre eux, et lui enjoignit surtout de ne la nommer en rien.

Le 12, M. le vicomte d'Agoult est parti pour Kœnigsberg pour fréter un bâtiment et pour présider à l'embarquement accordé par Sa Majesté à ses gardes-du-corps.

Le fond qu'on avait fait sur le produit de la vente des effets et provisions laissés à Mittau, et les ressources qu'on devait se flatter d'y trouver, devinrent absolument illusoires. Les finances du Roi s'épuisant par la dépense exorbitante de chaque jour, Mme la du-

chesse d'Angoulême offrit au Roi la vente de ses diamans; Sa Majesté les accepta. En conséquence Son Altesse Royale chargea et autorisa Mme la duchesse de Sérent, sa dame d'honneur, à prendre les mesures les plus promptes pour cet objet. Les termes employés dans cette autorisation par Son Altesse Royale sont dignes de remarque : « Pour,
» dans notre commune détresse, servir à
» mon oncle, à ses fidèles serviteurs et à
» moi-même. »

Les diamans furent déposés chez M. Laurenz Lork, consul de Danemarck, qui avança sur le prix de leur vente la somme de 2,000 ducats.

Le 22 février, M. le comte d'Avaray me dit, vers deux heures après midi, que le gouvernement anglais accordait un licenciement à l'armée de Condé, et qu'il fallait y faire participer détachement des gardes-du-corps. « Faites-en l'état et redigez un mémoire, ajouta-t-il,
» pour les ministres, je le ferai partir pour
» Londres; il n'y a pas un instant à perdre.

» Pour les états, monsieur le comte, je les
» ferai bien, répondis-je, mais pour le mé-
» moire, je ne sais pas parler aux ministres.
» Il faut pourtant que vous le fassiez, me
» répliqua-t-il; le Roi part demain, je suis
» accablé d'affaires, il m'est impossible de
» m'en occuper; prenez avec vous Rivière qui
» fera les états, et vous travaillerez au mémoi-
» re. » J'étais désolé, parce que véritablement
je ne savais comment m'y prendre. Dans
l'instant arriva M. l'abbé Marie. « Vous
» voilà à propos, l'abbé, lui dit M. d'Avaray;
» ayez pitié d'H***, il n'aime pas à parler aux
» Dieux, il va vous mettre au fait. » Je lui dis
effectivement ce dont il était question, il me
répondit aussitôt : « Allons chez moi, je me
» charge du mémoire, chargez-vous du reste. »

La maison où logeait le Roi était très-petite,
et à tel point, que, pendant le temps que le
Roi a résidé à Mémel, M. le duc de Fleury,
M. l'abbé Edgworth, l'abbé Fleuriel et moi,
nous avons couché dans la même chambre,
sur des lits de camp. On avait été obligé de

reléguer dans une maison assez éloignée de du Roi, Mlle de Choisy, qui occupait le rez-de-chaussée, et M. l'abbé Marie qui était au premier étage.

J'emmenai donc Rivière chez M. l'abbé Marie. Nous prîmes une table qui n'était pas grande, sur laquelle il y avait un couteau à lame longue, assez étroite, et à manche d'ivoire, qui nous servit à couper notre papier. « Allons, mettons-nous à l'ouvrage, nous dit » M. l'abbé. Mais nous allons vous gêner, » repris-je, nous vous donnerons des distrac- » tions. Point du tout, » répliqua-t-il. Il fit aussitôt, et sans la moindre rature ni correction, un mémoire pour les ministres anglais, qui fut regardé comme un chef-d'œuvre. M. d'Avaray le fit partir aussitôt pour Londres, et y il eut le plus grand succès.

Toute la colonie de Mittau étant défilée, le Roi devait quitter Mémel le 23 février, pour se rendre à Kœnigsberg, sans s'arrêter, et de là se diriger sur Varsovie. Une nuit à passer par un temps aussi rigoureux ne pouvait-elle pas incommoder nos augustes voyageurs, d'autant plus que le Roi éprouvait déjà un sentiment de douleur goutteuse, et Madame un gros rhume, qui, miraculeusement, n'eurent l'un et l'autre aucune suite? Le Roi ne savait pas un mot de sa destination ultérieure; il se croyait destiné à habiter, au moins pendant long-temps, les grands chemins et les cabarets..., sans argent et sans savoir où en prendre. Quelle position! M. le comte d'Avaray me disait : « Voilà la » quatrième fois que nous sommes à ne pas » avoir de quoi vivre pendant deux mois; » la Providence est venue à notre secours, et » j'y ai la même confiance; elle n'abandon- » nera pas notre maître et sa chère nièce; » c'est un ange qu'elle lui a reservé pour sa » consolation. » La politique des cabinets cherchait probablement à la séparer de son oncle; il paraît certain que la tentative en a été faite, puisque, dans une lettre que Son Altesse Royale écrivait de Mémel à la reine de Prusse, il y avait cette phrase: « Plus d'une

» voix me crie du haut du ciel qu'il (le Roi)
» est tout pour moi; qu'il me tient lieu de
» tout ce que j'ai perdu, et que je ne dois
» jamais l'abandonner. J'y serai fidèle, et la
» mort seule m'en séparera. »

Comme il n'y avait pas assez de chevaux de poste dans le passage du Strand, je ne devais partir que le lendemain. Dans la soirée du 23, je demandai à Mlle de Choisy ses commissions; elle me dit que le lendemain, à l'instant de mon départ, elle me donnerait une lettre pour MADAME. Effectivement, le 24 à sept heures du matin, pendant que l'on mettait les chevaux à ma voiture, je fus la chercher: à l'instant de quitter Mlle de Choisy, elle me dit : « Allez donc dire adieu à l'abbé
» Marie, vous lui ferez plaisir. » J'y montai; je le trouvai dans son lit, assis sur son séant, le teint très-coloré, dans une sueur si abondante qu'il me parut avoir sa chemise trempée ainsi que son bonnet de nuit. Il me dit : « Voyez dans quel état je suis ! j'ai eu
» toute la nuit une fièvre de cheval. Je suis

» désolé; nous partons demain, il y a des
» ordres à donner; il faut faire charger les
» voitures, y avoir soin. Que va devenir Mlle
» de Choisy? cette pauvre Mlle de Choisy,
» que va-t-elle devenir? » Comme il était fort
agité, je cherchai à le calmer, je lui dis : « Tran-
» quillisez-vous, restez au lit toute la jour-
» née; faites diète, buvez force limonade et
» prenez des remèdes; vous êtes si sobre, que
» ceci ne peut avoir de suites, c'est un accès
» éphémère. » Comme il insistait sur les soins
du départ, je lui dis : « Chargez-en Luker-
» que; vous pouvez vous reposer entièrement
» sur lui : » Je le quittai et partis.

Voici maintenant ce que j'ai appris depuis.

Le 24 février, en se couchant, M. l'abbé Marie dit à François, son domestique, lequel avait été à M. le marquis de Jaucourt jusqu'à sa mort: « Vous viendrez demain m'é-
» veiller à cinq heures. » Le départ était pour sept. François y fut, son maître lui dit : « Vous
» reviendrez quand les chevaux de poste arri-
» veront. » François obéit; mais en rentrant

dans la chambre de son maître, par la sienne qui y était contigüe, et qui donnait sur un petit escalier dérobé, quelle fut sa surprise de le voir avec la pâleur de la mort, les mains jointes, hors du lit et articulant à peine:« Mon Dieu ! Mon Dieu ! » François effrayé s'en va aussitôt, par le même petit escalier, avertir Mlle de Choisy; elle monte par l'escalier ordinaire; la porte de la chambre était fermée au verrou. Toutes les personnes de la maison s'assemblent; on enfonce la porte, on trouve l'abbé Marie dans le même état. Le chirurgien arrive, il découvre le mourant, aperçoit un couteau enfoncé dans sa poitrine, le retire; l'abbé Marie n'est plus.

Cet événement, qui n'a pu être caché, fit dans Mémel la plus grande sensation. Dans un pays protestant, un prêtre catholique, de la société intime du Roi de France, se donner ainsi la mort ! Peu s'en est fallu qu'il n'en résultât les conséquences les plus fâcheuses, et ce ne fut qu'avec la plus grande peine que M. Hue put obtenir du magistrat de Mémel de faire enterrer le mort.

On a attribué ce malheur affreux à un accès de fièvre chaude; mais quelle en était la cause? la position alors épouvantable du Roi et de MADAME? mais cette même cause existait dès le 22, où M. l'abbé Marie montra tant de sang-froid et de présence d'esprit. Je n'ai jamais pu me rendre raison de cet événement épouvantable. J'ai beaucoup connu M. l'abbé Marie comme prêtre; il m'a toujours paru dans la ligne de ses devoirs; dans la société il n'y avait pas d'homme plus aimable; il était d'une instruction étonnante, d'un conseil admirable, d'un caractère doux, et éloigné de toute exagération.

Le 23, le Roi partit de Mémel à onze heures précises pour Kœnigsberg (dix-neuf milles), où il est arrivé le 24.

Le Roi et son auguste nièce ne quittèrent Kœnigsberg que le 27, de grand matin, et prirent la route de Varsovie.

Le Roi déjeûna à Creuzbourg, petite ville à trois milles de Kœnigsberg. De là, il fut coucher à Heilsberg, à huit milles de Creuzbourg. Le local de l'auberge était si resserré, et il y avait si peu de ressources pour louer des chambres aux environs, qu'on fut obligé d'avoir recours à un colonel du régiment d'infanterie, M. de Sturthereim, qui offrit à madame la duchesse d'Angoulême un asile dans son logement. La princesse l'accepta pour elle et la duchesse de Sérent.

Le 28, le Roi partit à sept heures du matin; il fut déjeûner à Gustads, à trois milles d'Heisberg, et fut coucher à Hohenstein, à sept milles de Gustads.

Le 1er mars, le Roi partit à huit heures, après avoir entendu la messe, et déjeûna à Neidemberg, à quatre milles de Hohenstein : Sa Majesté fut coucher à Mlawa, à quatre milles de Neidemberg.

Le 2, le Roi partit et fut déjeûner à Liechanow, à quatre milles de Mlawa, et s'achemina pour aller coucher à Pultusk, à cinq milles de Lieckanow. A une bonne lieue de Pultusk, et à peu près sur les cinq heures, le postillon de la voiture de Sa Majesté se croisant avec la voiture d'une dame polonaise, et ayant trop pris sur la droite, mit les roues dans le dérivé du fossé, caché par la neige, et versa la voiture dans le fossé. La commotion fut assez forte pour que Mme la duchesse d'Angoulême, qui avait la place de gauche du fond de la voiture, fût portée de coin en coin à la place du devant; et par ce mouvement elle tomba sur le Roi. La glace de la portière du côté droit fut brisée; et si la glace du fossé n'eût tenu bon, il était possible que, l'eau entrant dans la voiture avant qu'on eût le temps d'en sortir le Roi, il en résultât le plus grand malheur. Heureusement ni le Roi ni sa nièce ne furent blessés; pas même M. le comte d'Avaray ni Mme de Sérent. Ce qui fit plus souffrir le Roi, ce fut d'être obligé d'attendre sur le grand chemin, debout sur un morceau de glace, la voiture du duc de Fleury; elle fut plus de deux heures à le rejoindre. Le Roi y monta de suite, et vint à

Pultusk, avec l'abbé Edgworth; le comte d'A-
varay était monté sur le siége avec le duc de
Fleury. Quant à la dame polonaise, qui était
partie de Pultusk pour une de ses terres, elle
fut désolée d'être la cause bien innocente d'un
pareil accident, et, sans avoir aucune connaissance des augustes personnages qui en avaient
été victimes, elle ne voulut point les abandonner. Revenant coucher à Pultusk, elle y mena
Mme la duchesse d'Angoulême et madame de
Sérent. Ce fut seulement dans ce trajet, et avec
une surprise difficile à peindre, qu'elle sut que
c'était le Roi de France et son auguste nièce
qui lui avaient inspiré un aussi vif intérêt.

Cet accident devait naturellement faire ap-
préhender qu'il n'eût des suites; et il fut décidé
que le Roi ne se mettrait point en route le
lendemain.

Avant le départ de Pultusk, l'abbé Edgworth reçut une lettre de Kœnigsberg, du 1er
mars, de Mlle de Choisy, qui le chargeait d'annoncer au Roi et à MADAME la mort de
l'abbé Marie.

Le Roi, très-affecté, prit toute sorte de précautions pour apprendre cette affreuse nouvelle à son auguste nièce. Le 4 mars, à sept heures et demie du matin, les illustres voyageurs partirent de Pultusk, et passèrent la Narew dans le bac, à un quart de mille de Nierzbion; ils furent déjeûner à Niéporent, à quatre milles et demi de Pultusk, et arrivèrent à six heures au faubourg de Prag, où Sa Majesté fut obligée de coucher.

Arrivé à Prag avant le Roi, il m'avait été impossible de me rendre à Varsovie à cause de la débâcle de la Vistule, qu'on attendait d'un moment à l'autre; j'étais donc resté à Prag, et j'y vis arriver le Roi. C'est dans ce moment que, donnant la main à MADAME pour monter dans son appartement, Son Altesse Royale me dit : « Ah mon Dieu! ce » pauvre abbé est mort! » La princesse, sensiblement affectée de cet événement, en ignorait encore les circonstances. La débâcle ayant eu lieu le même jour à midi, rendit le passage de la Vistule impossible.

Le 6 mars, quoique la rivière fût couverte de glaçons, le Roi voulut risquer le passage, et arriva fort heureusement à Varsovie.

Le général Keller, gouverneur, attendait le Roi dans la maison Wassiliewisch, faubourg de Cracovie, que l'abbé de La Marre lui avait louée. Cette maison, quoique grande et belle, ne se trouva cependant pas assez spacieuse; on fut obligé de louer dans une maison voisine des appartemens pour MM. le vicomte d'Agoult, l'abbé Edgworth, M. Lefaivre, Colon, l'abbé Fleuriel et moi.

FIN DU JOURNAL.

Peu de jours après notre arrivée à Varsovie, le bruit de la fin tragique de Paul Ier se répandit tout-à-coup; quoiqu'il fût accompagné de détails circonstanciés, on en doutait encore; je fus chez le Roi, où MADAME me dit: « Eh bien! votre Paul, le voilà. — Oui, Ma-
» dame; mais j'en demande pardon à Votre
» Altesse Royale; mon Paul, je le regrette

» beaucoup. » Ces paroles de la princesse venaient de la confiance que j'avais toujours montrée que l'empereur de Russie était le seul monarque qui pût terminer nos malheurs et qui en eût la volonté. Dans les momens les plus fâcheux de son humeur contre le Roi et ses fidèles serviteurs, et même quand il ordonna notre expulsion de ses États, je n'en désespérais pas encore. Paul Ier était fantasque, irascible et violent; mais il était aussi plein d'honneur, de franchise et de probité; il était ennemi juré de la révolution française, de ses auteurs et de ses partisans. Comme il était intraitable à ce sujet, Bonaparte fut trop adroit pour l'attaquer de front; tout fut mis en usage pour l'abuser. Paul Ier était vaniteux; on le flagorna, on employa, non-seulement auprès de ses intimes, mais même auprès de lui-même, tous les moyens de séduction, tous ceux qui pouvaient avoir prise sur lui. C'est ainsi qu'avec des mesures détournées on obtenait tout de lui; on lui faisait approuver ou accorder des choses absolument contraires à ses intentions et à ses principes.

Dans les commencemens de notre établissement à Mittau, quand, d'après l'horreur de Paul Ier pour les patriotes français, les barrières de son empire étaient tellement fermées, que qui que ce fût ne pouvait les franchir sans un passe-port signé de l'empereur, n'ai-je pas vu passer une femme affreuse, une actrice nommée C***, qui avait été déesse de la Raison à Lyon; ne l'ai-je pas vue avec son mari, l'un des plus fougueux jacobins, ne les ai-je pas vus traverser Mittau, et aller à Pétersbourg, où ils étaient mandés? Le cri d'indignation de tous les Français, dont plusieurs les reconnurent, quoiqu'ils cherchassent à se déguiser, fut général. Il fut porté à M. de Leendorf, gouverneur de Mittau, qui, lui-même indigné, en rendit compte à l'empereur. Cette femme n'en fut pas moins bien reçue dans sa capitale; elle y fit les beaux jours, devint la maîtresse de Kouteizow, qui, de barbier de son maître, en était devenu le favori. Après la chute de Paul Ier, on a vu cette C*** passer par Mittau, chargée de millions, et revenir en France avec ce même Kouteizow.

Le 12 mai, le Roi quitta Varsovie pour aller à Lajinka, maison d'été, dite de bains, du roi de Pologne, à un quart de lieue de Varsovie. Sa Majesté y habita le pavillon, autrefois la résidence de la sœur du roi de Pologne; Mgr le duc d'Angoulême et Mme la duchesse occupaient le premier étage de ce même pavillon. Les dames de la princesse y étaient aussi logées. Dans un autre pavillon voisin, et qui paraissait avoir été celui du concierge ou intendant du château, on avait arrangé deux appartemens, dont l'un pour M. le comte d'Avaray, et l'autre pour M. le duc de Fleury. MM. d'Agoult, Edgworth, Fleuriel, Lefaivre, Colon et moi, nous étions logés dans un bâtiment fort spacieux servant probablement de commun lorsque la cour du roi de Pologne était à Lajinka. Ce bâtiment, près des écuries, remises, etc., était assez éloigné du château royal.

Vers la fin de juin, sans aucun symptôme avant-coureur, étant à moitié du dîner, M. le comte d'Avaray fut pris d'un vomissement de sang, par flots; l'alarme du Roi et de tout le monde fut à son comble; on le transporta aussitôt à son appartement. Le même accident se renouvela vers les onze heures du soir, avec la même force, et quatre fois encore les deux jours suivans, malgré trois saignées ordonnées par M. Lefaivre. Le comte fut arraché ainsi, comme par miracle, des bras de la mort. Sa convalescence, si toutefois on peut lui donner ce nom, fut fort longue; comme il lui était très-préjudiciable de parler et de prendre la plus légère application, le Roi, pour charmer l'ennui du malade, avait tous les jours la bonté de venir, après son dîner, passer la soirée au pied de son lit. J'eus l'honneur de m'y trouver souvent seul avec Sa Majesté; elle lisait une vingtaine de pages de quelque roman nouveau, puis me repassait le livre pour en lire autant; et puis le reprenait. Vers les sept heures arrivaient

M. et Mme la duchesse d'Angoulême, le duc de Guiche, le duc de Fleury, MM^mes de Sérent et de Choisy, quelquefois le prince Joseph Poniatowski, avec sa sœur, Mme la comtesse Egttskewitch, et Mme de Vauban. M. Lefaivre ne put enfin dissimuler au Roi que le danger du comte d'Avaray n'était que suspendu; que, vu la faiblesse de sa complexion, il avait peu d'espoir d'une guérison parfaite, et que même, pour éviter les rechutes, il ne fallait pas hésiter à enlever le malade à son travail habituel du cabinet, qui lui était absolument contraire, de même qu'à l'intensité du froid du pays qui ne le lui était pas moins. Le Roi en fit aussitôt part à son ami, et à titre de service lui demanda de consentir à s'éloigner de sa personne pendant l'hiver qui approchait, et d'aller le passer en Italie. Le comte d'Avaray n'ayant jamais reçu les avis et les désirs de son maître que comme des ordres sacrés, eut néanmoins beaucoup de peine à se décider à un tel sacrifice. Son parti une fois pris, et après en avoir conféré avec Sa Majesté, il me proposa de ne point l'abandonner. Me mettre à même d'être utile à mon bienfaiteur, c'était assurément me prendre par mon endroit sensible. Mais la tâche était cruelle; le pauvre malade était si faible, son état si fâcheux, et accompagné sans cesse de symptômes si effrayans, que je ne pouvais pas raisonnablement me flatter de le ramener au Roi. Sa Majesté daigna le confier à mes soins, à mon amitié, et me dit à ce sujet les choses les plus touchantes, et avec des expressions que Louis XVIII savait seul et si bien employer.

Notre départ fut fixé au vendredi 25 septembre. La veille au soir, étant occupé avec M. d'Avaray à mettre ses papiers en ordre, le Roi arriva et commença par nous dire qu'il ne venait pas pour nous déranger, mais pour nous aider, et que nous n'eussions qu'à continuer. Dans un moment où M. d'Avaray avait le dos tourné, Sa Majesté me glissa furtivement dans la main une note écrite en entier de sa main, que je conserve précieusement, et que je léguerai à mes héritiers comme celui de tous mes titres qui m'est le plus précieux et auquel j'attache le plus d'intérêt. Cette note est une instruction que Sa Majesté me donna pour me conduire dans ce terrible voyage, sur le danger duquel elle ne se faisait pas plus illusion que moi. Je la copie sur l'original.

«Après les tendres soins que j'ai, avec tant de sensibilité, vu M. d'H*** donner à mon ami, je n'ai rien à lui recommander de ce côté; mais il est quelques détails dans lesquels je crois nécessaire d'entrer. Le passage subit d'une grande occupation à une parfaite inaction est difficile, et même pénible pour une âme comme celle de mon ami. M. d'H*** tâchera, lorsqu'il sera avec lui, de l'entretenir d'objets assez intéressans pour captiver son attention, mais qui ne soient ni tristes ni appliquans.

» M. d'H*** s'efforcera le plus qu'il pourra de l'empêcher d'écrire, je ne dis pas à moi, à ses parens, à ses amis, mais à cette foule de gens qui, ne considérant jamais la position où se trouvent les personnes, ne manqueront pas de le relancer dans son voyage. S'il faut absolument leur répondre, je prie M. d'H*** de s'en charger, et de faire sentir à mon ami que, s'il ne tranche net sur cela, il en résultera les maux que nous voulons éviter.

» En chemin, M. d'H*** aura soin de mander à M. de Thauvenay l'état du malade, aussi souvent que cela sera possible, en combinant le retour de la poste ici avec le voyage. Toutes les fois que l'on sera posé, ce sera tous les jours de courrier. Comme il faudrait que ces bulletins pussent être montrés à M. Lefaivre, si M. d'H*** a quelque chose de particulier à mander, il faudra qu'il l'écrive sur une feuille séparée. Arrivé à Cracovie, M. d'H*** s'informera s'il y a quelque lettre à la poste pour M. d'Avaray; il est possible que j'y en fasse trouver, si je juge qu'elles puissent y arriver à temps.

» A Vienne, M. d'H*** priera le marquis

de Bonnay de le mettre en rapport avec M. Franck, afin de pouvoir adresser dans la suite du voyage des bulletins à ce médecin.

» Je n'ai pas besoin de recommander à M. d'H*** de mettre la vérité tout entière dans ses bulletins, qu'elle soit affligeante ou consolante. »

N. B. Le comte d'Avaray alla passer quelque temps en Italie; et sa santé, sans se rétablir entièrement, lui permit de rejoindre son maître, qui, sur l'invitation de l'empereur Alexandre, était retourné à Mittau. Il suivit ensuite le Roi en Angleterre; et c'est de cette île qu'après avoir reçu du Roi le titre de duc, il partit, au mois d'août 1810, pour aller chercher à Madère, sous un ciel plus doux, un adoucissement à ses souffrances. Cette nouvelle séparation, qui devait être éternelle, fut douloureuse; le duc avait le pressentiment de sa mort prochaine. D'abord, un climat heureux et une température toujours égale lui procurèrent quelque soulagement; mais, après avoir langui neuf mois dans les alternatives que présente presque toujours la maladie qui le conduisit au tombeau, il termina sa carrière le 11 juin 1811, à l'âge de cinquante-deux ans. Le Roi reçut à Hartwel la nouvelle de sa mort; et, pénétré de la plus vive douleur, il donna des larmes à la mémoire d'un sujet qui lui avait été si cher, et dont il conserva toujours le souvenir.

L'éloge du duc d'Avaray est tout entier dans ces mots : Il aima son Prince, et il en fut aimé ; il servit Louis XVIII comme Louis XVIII méritait d'être servi, et comme il faudrait toujours servir son Roi.

MÉMOIRES

RELATIFS

AUX DIFFERENTES MISSIONS ROYALISTES

DE MADAME LA VICOMTESSE

TURPIN DE CRISSÉ,

Et aux opérations de l'armée de la haute Bretagne et
du bas Anjou, de 1794 à 1800;

AVEC DES PIÈCES JUSTIFICATIVES.

MÉMOIRES

SUR

Mme TURPIN DE CRISSÉ.

Quelques dames du parti royaliste, telles que mesdames de Larochejaquelin, de Bonchamps, et madame la vicomtesse Turpin de Crissé, ont plus ou moins figuré d'une manière historique dans les armées royales de la Vendée et de la Bretagne. Les deux premières ont publié successivement des mémoires. Madame la vicomtesse de Turpin, soit modestie, soit réserve, n'a rien livré au public; mais elle a bien voulu mettre à ma disposition des notes et des documens précieux sur les différentes missions que les principaux chefs de l'armée de la haute Bretagne et du bas Anjou lui ont confiées dans des temps difficiles, et sur différentes opérations de cette armée pendant la guerre civile. Ces matériaux m'ont d'abord servi à rectifier quelques circonstances consignées dans mon Histoire de la guerre de la Vendée, qui se rapportent à l'armée où a figuré madame de Turpin, à compter de l'année 1794 jusqu'en 1801. C'est particulièrement dans ma quatrième édition que j'ai fait usage d'une partie de ces matériaux, mais avec toute la sobriété de détails que comportait le cadre d'une histoire générale.

Il s'agit ici de mémoires détaillés et de souvenirs personnels, qui offrent une source bien plus abondante de particularités historiques et anecdotiques.

Depuis long-temps je me proposais de rédiger et de mettre au jour les notes circonstanciées dont je suis redevable à la confiance de madame la vicomtesse de Turpin; il s'agissait d'en former des mémoires susceptibles de fixer l'attention du public et d'exciter à la fois sa curiosité et son intérêt. Tel est le projet que je réalise aujourd'hui, c'est-à-dire dans un temps qui paraît de plus en plus destiné aux investigations de l'histoire et à la publication des mémoires contemporains. Puissent ceux-ci, qui sont relatifs aussi à notre guerre civile, prendre rang un jour à côté des Mémoires de mesdames de Larochejaquelin et de Bonchamps, que le public a lus avec avidité. Je donnerai d'abord quelques notions biographiques sur madame la vicomtesse Turpin de Crissé, avant de passer aux récits des faits qui la concernent, ou qui se rapportent aux opérations de l'armée de la haute Bretagne et du bas Anjou; j'y joindrai les pièces historiques et justificatives que je tiens également de la confiance de madame de Turpin.

Jeanne Élisabeth de Bongars, vicomtesse Turpin de Crissé, habitait la province de l'Anjou en 1789. Elle avait épousé M. Turpin de Crissé, lieutenant des gardes-du-corps de Monsieur, frère de Louis XVI, depuis Louis XVIII. M. de Turpin émigra en même temps que ce prince. Madame de Turpin habitait à cette époque la terre de La Ferté, aux environs de Segré. Son attachement bien connu au parti royaliste lui suscita de fréquentes persécutions. Elle fut arrêtée au mois de mars 1793, au moment des premiers troubles de la Vendée. Au mois de juin suivant, lorsque les Vendéens eurent pris Saumur, elle fut délivrée par eux et rentra dans le district de Segré. Peu après le passage de la Loire par la grande armée vendéenne, les royalistes des environs de Segré commencèrent leur organisation. Madame de Turpin ne fut point étrangère à la formation naissante de ce nouveau parti royaliste; elle contribua puissamment à donner à l'esprit public de ce pays une direction et une impulsion utiles à la cause royale, pour laquelle elle montra un grand zèle et un parfait dévouement.

Signalée et persécutée par les agens révolutionnaires, ainsi que toute sa famille, elle fut réincarcérée au mois de mars 1794, dans la ville d'Angers, maison d'arrêt du Calvaire, où elle resta huit mois. Mme de Turpin ne sortit de prison que trois mois après le 9 thermidor, époque de la mort de Robespierre; elle resta en surveillance dans la ville d'Angers jusqu'au moment où MM. de Turpin eurent organisé plusieurs districts et repris les armes. Ce fut alors que les républicains aux abois cherchèrent, comme dans la Vendée, à faire porter des paroles de paix aux chefs royalistes de la rive droite de la Loire. Un commissaire de la Convention y fut envoyé; il se nommait Bezard. Instruit qu'on s'était servi à Nantes de la sœur de Charette pour porter à ce chef royaliste des propositions pacifiques, il crut que madame de Turpin, dont le caractère de modération était connu, ne refuserait pas une mission de cette importance auprès des chefs de la rive droite. Madame de Turpin ne s'y prêta que pressée elle-même par les généraux de son parti.

Telles furent les circonstances qui l'amenèrent à figurer d'une manière active dans les événemens de la guerre civile et dans les différentes négociations qui en furent la suite.

Entrons maintenant dans le récit détaillé des faits. On sait que le parti royaliste armé était divisé en plusieurs circonscriptions ou arrondissemens militaires; il faut donc commencer par donner une idée de l'origine du parti, considéré isolément, auquel madame la vicomtesse de Turpin, par ses opinions et sa position, s'est attachée de cœur et d'âme pendant les années les plus intéressantes et les plus agitées de sa vie.

Après la destruction de la grande Vendée, qui avait jeté tant d'éclat en 1793, soit dans les bocages du haut Poitou et du haut Anjou, soit dans l'expédition d'outre Loire, une autre confédération royaliste se forma dans la haute et la basse Bretagne, et dans les pays de la rive gauche de la Loire qui confinent à la province du Maine, ou qui font partie du bas Anjou. L'un de ces nouveaux partis armés s'éleva vers le commencement de 1794, entre Ancenis, Angers et la Mayenne, par l'influence et l'impulsion du vicomte de Scépeaux, du jeune comte de Dieusie, et de son oncle, le chevalier Turpin de Crissé. Ils avaient fait tous les trois leurs premières armes sous l'illustre Bonchamps ; tous trois avaient suivi l'armée vendéenne jusqu'au moment de sa destruction, à la suite de tant de combats et de batailles livrés aux républicains, ou plutôt aux soldats de cette Convention, d'où était sorti le règne de la terreur.

Restés sur la rive droite de la Loire, ces trois officiers royalistes s'étaient efforcés, d'après les vues de Bonchamps, d'étendre l'insurrection contre-révolutionnaire de proche en proche, jusque dans le Maine et les frontières de la Normandie.

Le vicomte de Scépeaux avait organisé le pays depuis Becon jusqu'à Candé et Saint-Mars d'une part, et de l'autre jusqu'aux portes d'Angers et d'Ancenis; le comte de Dieusie et le chevalier de Turpin poussaient leur organisation depuis Candé jusqu'au-delà de la Mayenne, vers La Flèche et Château-Gonthier.

Quoique ardens royalistes, ils évitèrent d'abord d'agir ostensiblement sous leurs propres noms, pour ne pas compromettre leurs familles, alors en otages et captives dans les prisons d'Angers. Ils se faisaient représenter, dans le commandement en chef des paysans insurgés, par un gentilhomme du nom de Sarrazin, d'un caractère hardi et d'une bravoure chevaleresque. Ce nouveau parti, élevé tout-à-coup, prit des insurgés de Fougères et de Vitré le nom de Chouans, par analogie et par extension. Cette désignation, dont voici l'origine, semble n'appartenir qu'au hasard.

Quatre frères, nommés *Cottereau*, contrebandiers à Saint-Ouen-des-Toits, près Laval, avaient pris l'habitude, pour éviter toute surprise dans leurs opérations nocturnes, de contrefaire le cri du *chat-huant* pour se reconnaître dans les bois; aussi finit-on par ne plus les désigner que sous le nom de *chouans*, par corruption du mot *chat-huant*, que prononcent ainsi les paysans du Maine et de la Bretagne. Ces intrépides contrebandiers, au commencement des troubles, se retirèrent dans la partie de la forêt du Pertre qui avoisine la Gravelle; là, se mêlant parmi les mécontens royalistes, ils se firent remarquer par leur force et leur audace. Jean *Chouan*, l'un d'eux, ne tarda pas à se signaler par sa témérité et son courage, et bientôt les insurgés de la forêt du Pertre en firent une sorte de chef, dont ils prirent ou reçurent le nom. De là vint la dénomination de *chouans*, que les révolutionnaires étendirent en peu de temps à tous les royalistes armés de la Bretagne. Ceux-ci, parvenus à une certaine consistance, s'en firent un titre qui attestait leurs longues souffrances et leurs premiers combats contre les ennemis du Roi et de la religion.

La forêt du Pertre ne fut pas le seul berceau des insurgés bretons; celle de Fougères servait aussi de refuge aux royalistes de cet arrondissement lorsque les insurgés de la rive droite de la Loire, dont nous venons de faire mention, commencèrent à s'organiser.

Partout cette petite guerre, préparée sourdement, eut à peu près le même caractère. Les insurgés n'attaquaient que des détachemens isolés, des convois, quelquefois des voitures publiques et les fonctionnaires ambulans. Relégués au fond des forêts, les chouans n'eurent d'abord aucune ressemblance avec les royalistes de la Vendée, qui combattaient en rase campagne des armées aguerries et nombreuses.

Peu à peu cependant ces hommes fidèles, mais voués au malheur, devinrent redoutables par leur nombre et par leur intrépidité; ils acquirent chaque jour plus de consistance, en évitant avec adresse les troupes envoyées pour les détruire. On ne connaissait point au juste leurs forces; les noms de leurs chefs étaient ignorés aussi bien que leurs retraites.

Dans le courant de 1794, tout s'organisa dans le sens royaliste depuis Vannes jusqu'aux portes de Rennes et de Saint-Brieux ; depuis Vitré, Fougères et Laval, jusqu'aux portes d'Angers, d'Ancenis et de Nantes. Toutefois les premières levées entre la Loire et la Mayenne n'excédèrent pas d'abord trois mille hommes, sous différens chefs secondaires ; mais leurs progrès furent rapides. Voici quelle en fut la première organisation : Sarrazin commanda les rassemblemens de la forêt de Combrée ; Desloges, ceux de Genêt, Bains et Marans ; Gourlay dirigea les insurgés de Maumusson ; ceux de Château-Neuf le furent par l'intrépide Coquereau, et ceux de Juigné, par Duparc. L'organisation du chevalier de Caquerey, qui s'étendait du côté de Rennes, vint se lier à celle du vicomte de Scépeaux, dont le quartier-général était à Becon.

Vers la fin d'août, le rassemblement des environs de Combrée marcha sous les ordres du comte de Sarrazin pour attaquer le poste républicain cantonné dans ce bourg. De son expulsion dépendait l'affranchissement de tout le canton. L'attaque fut poussée avec intelligence et bravoure. Malgré la plus vive résistance, le poste fut emporté d'assaut; mais le valeureux Sarrazin y laissa la vie. Soit pour le venger, soit dans la chaleur de l'action, les royalistes égorgèrent une cinquantaine de soldats qui avaient défendu le cantonnement.

La mort du comte de Sarrazin fut une perte d'autant plus sensible pour les royalistes du bas Anjou, qu'il en était le régulateur le plus actif. Le chevalier de Turpin et le comte de Dieusie sentirent alors la nécessité de se déclarer ouvertement; ils ne balancèrent plus, et leur résolution, en ranimant leur parti, qui était encore à sa naissance, lui donna plus de solidité; c'est ainsi qu'ils prirent le commandement de tout le pays compris depuis Candé jusqu'à Château-Gonthier au-delà de la Mayenne, tandis que M. de Scépeaux commandait les bords de la Loire depuis Angers jusqu'aux divisions insurrectionnelles de la Bretagne.

Qu'on juge si madame la vicomtesse de

Turpin devait s'intéresser aux entreprises et à la destinée de ces différens chefs: l'un, le chevalier de Turpin, était son beau-frère; l'autre, le comte de Dieusie, était son neveu. Ce dernier, fils unique de M. de Dieusie, député à l'assemblée constituante, président du département de Maine et-Loire, et condamné à mort à Paris pour cause de fédéralisme, n'était âgé que de vingt-deux ans. Rempli de mérite, de zèle et de valeur, il venait de contribuer puissamment à organiser la province du bas Maine, les environs de Segré et de Château-Gonthier. Le chevalier de Turpin était capitaine au régiment de Flandre quand il partit pour Coblentz en décembre 1791. Tombé malade en route, il revint chez lui, où sa santé, constamment mauvaise, le retint jusqu'au mois de mars 1793. A cette époque il fut arrêté de même que madame la vicomtesse de Turpin, et conduit dans les prisons d'Angers comme royaliste. Délivré par les Vendéens au mois de juin de la même année, il servit dans la division de

Bonchamps, où s'étaient rangés tous les Angevins de la rive droite. Ce fut lui qui, après la perte de la bataille de Cholet, passa le premier la Loire, à la tête de quatre cents hommes, à la faveur d'un brouillard épais ; gagna la rive droite au point du jour, et renvoya les bateaux, pour ne laisser à sa troupe d'autre espoir que dans son courage.

Le général des conventionnels, Tabari, apprenant que les Vendéens passaient la Loire à Saint-Florent, abandonna d'abord Varades et vint ensuite les attaquer : il fut repoussé vivement par le chevalier de Turpin. Trompé sur la force des Vendéens qui marchaient sur lui, et battu d'ailleurs, Tabari se replia sur Angers, ce qui facilita le passage de toute l'armée vendéenne. Le passage de la Loire exécuté par le chevalier de Turpin servit de prétexte à la persécution suscitée contre ses deux neveux, qui furent conduits comme otages à la citadelle d'Angers. L'un était âgé de douze ans, l'autre de quatorze.

Le chevalier de Turpin, en passant à Candé

avec l'armée vendéenne, s'opposa aux vengeances qu'on voulait exercer contre les ennemis de sa famille; il n'exigea d'autres conditions pour les laisser libres que la délivrance de ses deux neveux et de madame la vicomtesse de Turpin. Il continua de faire partie de l'armée vendéenne jusqu'à son retour dans le bas Anjou. Alors, d'après l'ancien plan de Bonchamps, qui consistait à étendre l'insurrection dans les parties limitrophes de la Bretagne et du Maine, il y travailla, comme on l'a vu, de concert avec le comte de Dieusie, son neveu, le vicomte de Scépeaux et autres chefs.

Les principes de madame la vicomtesse de Turpin, les intérêts de son mari émigré, de ses enfans et de toute sa famille, l'attachaient au parti royal. Restée dans sa province, ainsi que mesdames de Turpin et de Dieusie, ses belles-sœurs, elle n'avait pas d'autre route à suivre, d'autres intérêts à défendre, d'autres pays à habiter. On savait qu'elle était douée de beaucoup d'énergie, de courage et d'intelligence ; aussi était-elle souvent consultée par les chefs de son parti qui, presque toujours, prenaient ses avis et y déféraient.

Cependant la Convention nationale, effrayée de ses propres excès et de l'affreuse situation de la France, profita du supplice de Robespierre pour imputer à ce régicide tous les crimes de la révolution, quoiqu'elle les eût partagés et autorisés. Ne pouvant plus gouverner par la terreur et redoutant les suites de la guerre civile, elle offrit la paix aux royalistes. Pour ne pas les blesser, elle exigea seulement qu'ils missent bas les armes sans leur parler d'amnistie. Une proclamation qui engageait les Vendéens et les Bretons insurgés à rentrer dans le devoir moyennant l'oubli du passé, fut adoptée sans discussion. Le décret qui accompagna cette proclamation portait que toutes les personnes connues dans les départemens de l'ouest sous le nom de *rebelles de la Vendée et de Bretagne,* ne seraient ni recherchés, ni inquiétés pour le fait de leur révolte. L'exécution de ce décret fut confiée à onze commissaires pris dans le sein de la Convention, et au général Canclaux, rappelé au commandement de l'armée de l'ouest.

Ce qui rendait épineuse et incertaine la mission des délégués conventionnels, c'était le vague de leurs instructions qui supposaient la facilité de se ménager des intelligences parmi les royalistes de la Vendée et de la Bretagne : rien au contraire ne présentait plus d'obstacles. Le changement de système opéré dans le parti révolutionnaire ne se faisait point encore sentir dans la Vendée; il importait peu aux royalistes qu'une faction ennemie l'emportât sur une autre : c'étaient toujours des régicides.

Toutefois les délégués de la Convention n'étaient pas tellement dépourvus de renseignemens, qu'ils n'eussent connaissance des discussions survenues entre Charette et Stofflet dans la Vendée, et du peu d'unité qui régnait sur la rive droite de la Loire, de même qu'en Bretagne, entre les divers chefs et les différentes organisations royalistes.

La réputation de Charette et son voisinage de Nantes les décidèrent à s'adresser d'abord à lui dans la vue, d'ailleurs, de l'isoler encore davantage de Stofflet. Avant de lui faire aucune ouverture, ils envoyèrent vers les limites du pays insurgé des personnes connues par leurs opinions mitigées et conciliatrices, qui, sans être royalistes, avaient eu à souffrir de la révolution, et auxquelles il était à peu près indifférent qu'on eût un roi ou une république, pourvu qu'on pût vivre tranquille. Elles annoncèrent partout sur leur passage, elles écrivirent dans la Vendée que tout tendait au rétablissement de l'ordre, et qu'on arriverait avant peu au régime monarchique. Leurs assertions ainsi propagées s'accréditèrent. En même temps les commissaires de la Convention à Nantes, Angers, Saumur, Fontenay, ouvraient les prisons à une multitude de personnes détenues pour cause de royalisme, et délivraient des certificats d'amnistie à celles qui déclaraient avoir participé à l'insurrection. Ils intéressaient ainsi au système pacifique les femmes, les enfans, les blessés ou malades vendéens restés cachés en Bretagne après avoir échappé miraculeusement à la mort.

Quand ils eurent assez développé les vues de la Convention, ils jugèrent qu'il était temps d'entrer en pourparlers avec Charette et successivement avec les autres chefs qui tenaient le commandement sur l'autre rive de la Loire.

Ils n'avaient encore ouvert aucune communication avec les arrondissemens royalistes du vicomte de Scépeaux, du chevalier de Turpin et du comte de Dieusie. Personne dans le parti révolutionnaire n'avait d'accès dans les districts de Candé, de Segré et d'Angrie, foyers de cette nouvelle insurrection qui chaque jour prenait plus d'accroissement. Le chevalier de Turpin venait même d'adresser au général Hoche, qui commandait alors du côté d'Angers, une lettre menaçante, demandant un armistice dont il dictait lui-même les conditions.

Les délégués de la Convention, Bezard et

Delaunay d'Angers, voulant à tout prix suspendre les horreurs de la guerre civile entre la Loire, la Mayenne et la Sarthe, pays qu'ils étaient chargés de pacifier, adressèrent d'Angers à Mme la vicomtesse de Turpin qui résidait à Angrie, des paroles de paix et de vives instances pour qu'elle amenât les chefs à poser les armes. Cette dame, dont le nom est devenu historique, et qu'on retrouve à plusieurs reprises dans les événemens de la guerre civile, hésita pourtant à préparer les esprits à un rapprochement. Deux opinions divisaient alors les royalistes; les uns regardaient la paix comme devant entraîner la ruine de leur parti; les autres, comme pouvant au contraire en assurer le salut: tous les chefs éclairés penchaient pour cette dernière opinion.

Lorsque la lassitude et la pénurie des armées royales leur faisaient sentir le besoin du repos, ou au moins d'une trêve, n'était-il pas politique, important, utile même de faire la paix? et lorsqu'il devenait impossible aux royalistes de garantir de sa destruction le

pays où leur sureté ne reposait que sur la force de leurs bras, sans aucun secours étranger, devaient-ils se laisser écraser en s'obstinant à résister au torrent? c'eût été évidemment une folie. Selon Mme de Turpin, toutes les personnes sages, attachées uniquement au Roi et à leur patrie, furent alors de cet avis. « Dans les circonstances que nous rap-
» pelons, dit-elle, les royalistes étaient-ils
» plus blâmables de suspendre le carnage
» que ne le furent depuis toutes les autres
» nations et toutes les couronnes d'en agir
» ainsi quand la nécessité le réclama? »

Les commissaires et les généraux de la Convention ne demandèrent d'abord qu'une suspension d'armes; elle n'eut lieu dans le district de Segré, que vers les premiers jours de mars.

Cormatin, major-général des royalistes de Bretagne, avide de traiter, s'étant rendu à Nantes sans avoir pu ouvrir de communications avec le parti de MM. de Scépeaux, Turpin et Dieusie, crut néanmoins pouvoir aussi négocier en leur nom. Mais ces trois chefs ne pouvaient avouer Cormatin qui appartenait à l'armée de M. le comte de Puisaye et auquel ils n'avaient donné aucune mission. En général, les insurgés ne pouvaient avoir de confiance qu'en ceux qui se battaient avec eux et qui partageaient leur infortune.

Dès que MM. de Scépeaux, de Turpin et de Dieusie eurent connaissance de la démarche de Cormatin, ils invitèrent Mme de Turpin à déférer aux instances des commissaires de la Convention qui la pressaient de porter des paroles de paix aux chefs royalistes ; alors seulement elle accepta une mission aussi délicate.

Elle l'était d'autant plus alors, que le droit des gens ne pouvait s'introduire dans une guerre aussi irrégulière ; les routes mêmes n'étaient pas sûres. Deux dragons, porteurs de dépêches, venaient d'être tués dans l'arrondissement de la division de Pallierne, par des *chouans* qui reconnaissaient pour chef le nommé Desmarets, lequel faillit être fusillé pour ce fait. Le représentant Bezard hésitait à se mettre en route et à parcourir le pays.

Mme de Turpin et M. Charles de Turpin, son neveu, ne balancèrent pas d'aller à Segré se mettre en otage pour la sûreté des communications entre les républicains et les chefs royalistes.

Ce fut alors que le délégué Bezard revint à la charge pour que Mme de Turpin voulût bien accompagner et accréditer ceux qui étaient chargés de porter le décret d'amnistie dans le district de Segré; là, ce décret n'était reçu qu'avec la plus grande défiance, tant on doutait de la droiture et des intentions de la Convention qui siégeait à Paris. Les royalistes se fiaient davantage aux chefs militaires du parti républicain.

Le rapprochement fut déterminé par la démarche loyale d'un aide-de-camp du général Leblée, du nom de Leclair, qui vint seul dans les bois conférer avec MM. de Turpin et de Dieusie. Il leur inspira tant de confiance que ces deux chefs adhérèrent, ainsi que M. de Scépeaux, aux préliminaires de la paix.

Ce fut madame de Turpin qui en apporta la

première nouvelle à Angers : elle y fut reçue avec joie. Les commissaires de la Convention lui écrivirent une lettre de félicitation sur le succès de ses démarches, et lui assurèrent au nom des Français une reconnaissance générale. De leur côté les chefs royalistes lui témoignèrent dans les mêmes termes leur satisfaction relativement à sa conduite et au service qu'elle venait de rendre à leur pays.

Madame de Turpin profita de ce moment de faveur pour obtenir des commissaires de la Convention la mise en liberté de beaucoup de royalistes, de prêtres et de religieuses qui étaient encore détenus dans les prisons d'Angers.

Avant même que les conférences de la Mabilais fussent ouvertes, madame de Turpin fit étendre les conditions des préliminaires de paix aux districts de Château-Gonthier, de la Mayenne et de la rive droite de la Loire. De leur côté, MM. Dieusie et de Turpin furent accueillis avec transport à Laval, à Angers, surtout à Château-Gonthier et à Segré : c'était une ivresse de bonheur pour les Français des deux partis.

Cependant MM. de Turpin, de Dieusie et de Scépeaux, instruits par madame la vicomtesse de Turpin, des propositions faites par les commissaires de la Convention pour signer une paix définitive, résolurent d'aller trouver Charette et de conférer avec lui à ce sujet, d'autant plus qu'il venait de son côté de signer une trêve. Leur but était de fortifier leur confédération en se concertant et en se ralliant, non-seulement avec Charette, mais encore avec les chefs du Morbihan, où les royalistes prenaient une certaine consistance.

Ils passèrent aussitôt dans la Vendée, et allèrent s'aboucher avec Charette. A leur retour, ils chargèrent madame de Turpin d'aller annoncer aux délégués Bezard et Delaunay d'Angers, qu'ils étaient prêts d'adhérer au traité qu'allait signer Charette, déclarant toutefois qu'ils ne poseraient définitivement les armes qu'autant qu'on retirerait les troupes qui marchaient alors contre Stofflet : ils tinrent à cette condition jusqu'à ce qu'elle leur fût accordée.

Les mêmes chefs avaient aussi chargé madame de Turpin d'inviter le conventionnel Bezard à se rendre en personne à Segré, afin d'être plus à portée de s'expliquer, et d'aplanir les obstacles qui pouvaient s'élever pour la conclusion de la paix. En effet, il y avait beaucoup d'opposition dans le parti royaliste, et il s'élevait sans cesse de nouvelles difficultés. En général, les chefs du bas Anjou n'avaient reçu les propositions de la Convention qu'avec une extrême défiance. Le comte de Dieusie fut même compromis pour s'être conformé au traité de Charette, signé à la Jaunais, quoiqu'il n'y eût accédé que d'après l'avis d'un conseil tenu à cette occasion.

Pendant le cours de ces négociations épineuses, la vicomtesse de Turpin habitait la maison de campagne de M. Bancelin, patriote éclairé et tolérant, propriétaire à Angers. Lui et sa femme recevaient les chefs royalistes, et leur faisaient l'accueil le plus cordial. On redoutait une rupture, et tout était tenté pour la prévenir.

Les deux délégués de la Convention, Bezard et Delaunay d'Angers, après avoir pris à Segré les arrangemens nécessaires pour le moment, et pleins de confiance dans madame de Turpin, la prièrent de se trouver à Rennes lors de l'assemblée générale des chefs royalistes de Bretagne, ce qu'elle refusa, en alléguant qu'elle ne connaissait pas d'autres chefs que ceux qui tenaient à sa province et à sa famille.

Cependant, plusieurs officiers royalistes s'autorisaient, pour rompre les préliminaires de paix, de quelques infractions partielles impossibles à prévenir ou à empêcher; la plupart des paysans connus sous le nom de *chouans* refusaient même de poser les armes. Ce fut sous ces auspices que s'ouvrirent les conférences de la Mabilais, près Rennes. Ce qui s'y passa tient à l'histoire générale; il nous suffira de dire que l'armée royale du bas Anjou ne sollicita ni n'obtint aucun à-compte ni indemnité pour les frais de la guerre, à l'imitation de Charette; que toutefois la paix devait et pouvait se faire, eu égard à la position des deux partis; qu'il y avait un commun intérêt à y accéder au moment où elle fut négociée; qu'en général, les chefs royalistes croyaient qu'il était possible d'en tirer avantage, soit pour rétablir la royauté par la fusion et la réunion des partis opposés, soit que plus tard on se vit forcé de courir aux armes de nouveau, ce qui donnerait au moins le temps de se rallier, de s'entendre, et de s'organiser militairement.

Mme de Turpin a entendu dire depuis à M. le comte de Puisaye, qui passait avec raison pour être l'âme du parti royal en Bretagne, qu'il regrettait de n'avoir pas traité lui-même à la Mabilais parce qu'il était alors en Angleterre; que là, il n'avait pu juger aussi sainement des choses qu'il l'avait fait depuis en se reportant aux circonstances de cette époque.

M. de Scépeaux, après s'être rendu à la Mabilais, alla secrètement à Paris pour réclamer les conditions du traité; il ne donna même à aucun officier connaissance des motifs de son voyage, et ne laissa aucune direction pour la conduite de son armée pendant son absence.

Cette paix de la Mabilais ne fut qu'une trêve de quelques mois ou tout au plus une suspension d'armes. Ni l'absence du vicomte de Scépeaux, ni l'inaction de Charette, ni celle de Stofflet, ne retinrent les royalistes du bas Anjou. Avant même le débarquement de Quiberon, l'arrestation de Cormatin, les troubles du Morbihan et des Côtes-du-Nord, y rallumèrent l'incendie. La plupart des chefs de cantons et de paroisses, étrangers aux ruses de la politique et tenant peu à une pacification qui n'était point dans leur cœur, se hâtèrent de courir aux armes. Les districts de Châteauneuf, Beaugé, Craon et Segré, furent les premiers à prendre une attitude hostile. On y fut instruit du débarquement des émigrés à Quiberon, par le bruit du canon et par une proclamation au nom de Louis XVII, qui dans l'intervalle mourut dans la prison du Temple; mais comme le Roi ne meurt pas, on se mit bientôt en campagne au nom de Louis XVIII, avec la même ardeur. Déjà même une dépêche adressée par Charette aux principaux chefs du bas Anjou ne leur ayant plus laissé aucun doute sur sa détermination de reprendre les armes, ils venaient de décider en conseil, et en l'absence du vicomte de Scépeaux, qu'il n'y aurait plus ni paix ni trêve avec les *bleus* et la Convention nationale.

Des émissaires furent envoyés dans le Morbihan pour s'assurer de l'événement de la descente, et faire commencer l'attaque; déjà on harcelait sur les routes les bataillons républicains qui se dirigeaient vers la Vilaine, et on ne cachait plus l'intention d'opérer un mouvement général.

Les divisions du bas Anjou se rassemblèrent vers les communes de Clément, de la

Place, Becon et le Loroux-Beconcais, renforçant ainsi les royalistes que venaient de réunir le comte de Dieusie et le chevalier de Turpin. Vers les premiers jours de juillet, ils se portèrent avec le chevalier de Mesnard dans la direction d'Angers et de Segré. La ville d'Angers eut alors à se défendre contre leurs entreprises. Les troupes républicaines se mirent de leur côté en mouvement sous les ordres du général Leblée; plusieurs rencontres et plusieurs combats s'ensuivirent ; les royalistes restèrent maîtres des campagnes; les républicains des villes et des postes retranchés ou fortifiés.

Cependant le 21 juillet, à sept heures du matin, le chevalier de Turpin et le comte de Dieusie, après avoir investi la ville de Segré, à la tête de deux mille royalistes, sommèrent la garnison de se rendre. Deux heures avaient été accordées pour se décider; les conditions n'étant point acceptées, on attaqua de vive force la ville, défendue seulement par cent cinquante soldats. Cette faible garnison, quoique éparpillée, opposa d'abord la plus vigoureuse résistance; elle fut néanmoins forcée d'abandonner Segré dans le plus grand désordre. Au moment où cette poignée de braves cherchait à se rallier sur la route du Lyon-d'Angers, quatre cents royalistes embusqués tombèrent sur eux et les taillèrent en pièces. Les révolutionnaires de Segré, pris les armes à la main, furent mis à mort. Ceux qui étaient restés cachés dans la ville auraient éprouvé le même sort si le général Bonneau, accouru d'Angers à la tête d'un détachement républicain, n'eût marché promptement à leur secours. A son approche, les royalistes évacuèrent Segré, emportant les caisses publiques.

Le général Bonneau offrit un passe-port et une retraite assurée à Mme de Turpin, qui préféra rester dans le sein de sa famille et au milieu du pays insurgé. Par suite des événemens de la reprise d'armes, elle eut à déplorer la perte de son neveu; voici comment :

Le conseil du bas Anjou, voulant propager l'insurrection et réorganiser sur un nouveau plan les divisions de Laval et pays circonvoisins, y envoya le comte de Dieusie, chargé en même temps de se procurer les munitions dont les royalistes du Maine étaient abondamment pourvus. Il se hâte d'aller remplir sa mission. A son retour, il entre avec deux officiers et un domestique dans un château près de Château-Gonthier, et s'y arrête : déjà il a été signalé au commandant républicain, qui dans la nuit fait investir le château. Dieusie s'évadait et gagnait la campagne, quand, au détour d'un chemin creux, il tombe dans un poste ennemi. Les soldats veulent le fusiller à l'instant même et le faire mettre à genoux; il s'y refuse, et on le perce à coups de baïonnettes, de la manière la plus cruelle. Il n'avait pas vingt-deux ans et avait fait toute la guerre.

Vers cette époque, le vicomte de Scépeaux, ayant eu à Paris des relations avec les agens du Roi, revint dans l'Anjou, muni de pouvoirs pour commander en chef toute cette partie du pays insurgé qui s'étend de la rive droite de la Loire jusque vers le Maine et la Normandie. Il prit le titre de général en chef de la haute Bretagne et bas Anjou, et bientôt il eut sous ses ordres une des armées royales les plus redoutables.

Cette armée, presque indépendante, prit un grand accroissement après le désastre de Quiberon, et s'enrichit pour ainsi dire des débris de cette expédition malheureuse. Le quartier-général avait été porté au château de Bourmont, près Candé. Là un grand nombre d'officiers émigrés, échappés au carnage, vinrent grossir l'état-major. Le comte Godet de Châtillon, l'un d'eux, y prit une prépondérance que donnent l'estime et le respect. Il avait fait la guerre sous les yeux du prince de Condé. Blessé dangereusement à l'attaque des lignes de Weissembourg, son âge et ses honorables cicatrices semblaient le dispenser et même le rendre incapable d'un service actif; pourtant il avait tourmenté le comte de Puisaye, à l'ouverture de la campagne, pour qu'il le fît passer dans le pays qui était le lieu de sa naissance, et où étaient ses propriétés; il n'avait demandé ni rang ni grade, mais son passage et un fusil. Arrivé entre la Loire et la Vilaine, à l'armée du vicomte de Scépeaux, il avait éludé toutes les déférences pour donner le premier l'exemple de l'obéissance au général en chef. Trop enclin à s'exposer dans les combats, il excitait la continuelle sollicitude de ses compagnons d'armes, qui ne virent aucun autre moyen de modérer son ardeur que de le nommer président du conseil royaliste d'Anjou et de Bretagne. Ce fut aussi à cette armée que s'attachèrent plus particulièrement le chevalier d'Andigné et le comte de Bourmont, qui en devint le major-général. Le conseil, dont le comte de Châtillon était président, se composait du vicomte de Scépeaux, du comte de Bourmont, du chevalier d'Andigné et de M. d'Avaisne l'aîné, propriétaire du château de Combré, officier plein de fidélité et de bravoure.

Parmi les officiers émigrés qui y trouvèrent un refuge, se faisaient remarquer les fils du comte de Botherel, le comte de Tercier, de Maklot, de la Cochère, de Gai-Fontaine, de la Briffe, de Margadel dit Joubert, et d'autres gentilshommes. Tous recevaient dans les châteaux de Turpin, d'Avaisne et de Dieusie, l'accueil qu'inspire l'intérêt le plus touchant, et qui, au sein d'une guerre civile, leur faisait trouver la sécurité avec tout le charme de l'hospitalité française. Là, les soldats eux-mêmes trouvaient aussi un asile, et les blessés des soins et des secours qui leur étaient prodigués par les femmes royalistes, parmi lesquelles se faisait surtout remarquer la vicomtesse de Turpin.

Ce fut vers cette époque que le chevalier de Turpin, son beau-frère, fut reçu chevalier de Saint-Louis par le comte de Châtillon; sans ambition personnelle, il n'aspirait à aucun commandement; il se contenta du titre d'inspecteur général de l'armée royale du bas Anjou et haute Bretagne. Le même dévoûment se fit remarquer dans le baron Charles de Turpin, frère de Lancelot de Turpin, et gendre de la vicomtesse Turpin de Crissé.

Voici comment il débuta dans le parti royaliste : il avait à peine treize ans, lorsque, enfermé pour la seconde fois dans les prisons de la citadelle d'Angers, il fut jugé pour cause de royalisme, et acquitté provisoirement par une commission militaire. Éclairé par l'expérience, devenu suspect, comme parent et ami de plusieurs chefs angevins, et notamment du chevalier de Turpin de Crissé qui avait assuré le passage de la Loire à l'armée vendéenne, à Saint-Florent, il sentit que, puisque les nobles en masse étaient voués à la mort, mieux valait l'affronter glorieusement que de passer de la prison à l'échafaud. Il prit donc rang parmi les royalistes de sa province avant l'âge de quatorze ans; à l'époque dont il s'agit, il servait comme volontaire avec le titre d'aide-de-camp du général vicomte de Scépeaux. Il n'usait de sa fortune que pour la consacrer à secourir les hommes de son parti; en outre, il avait un corps de cavaliers qu'il équipait, montait, armait à ses frais, qui lui servaient d'ordonnances, et faisaient les reconnaissances les plus périlleuses.

Cette armée ayant achevé de s'organiser, on créa des divisions, et on forma des compagnies; elles furent habillées, et on leur donna des instructeurs. Le baron Charles de Turpin se chargea d'armer et d'équiper à ses frais la compagnie d'Angrie, dont il prit le commandement; il combattit souvent à la tête de cette compagnie de braves. Son château offrait d'ailleurs aux officiers émigrés toutes les ressources qu'on pouvait attendre d'une hospitalité noble et généreuse; les blessés y étaient recueillis et soignés, sous la direction de la vicomtesse de Turpin, sa belle-mère.

Le conseil royal du bas Anjou et haute Bretagne siégeait d'ordinaire au couvent des Augustins, commune de Candé. Trois cents chouans ou royalistes d'élite, casernés dans le bourg, et mis sur le pied de guerre, étaient commandés par le piémontais Marianis, qui avait embrassé à Toulon la cause royale. Étant tombé au pouvoir des républicains à Quiberon, il s'était évadé et venait de se jeter dans le parti des insurgés d'Anjou et Bretagne. Quelques postes avancés épiaient les mouvemens des cantonnemens républicains placés à Ancenis, Ingrande et Varades. Outre le camp de Becon, qui fut maintenu, le conseil en établit plusieurs autour de Candé; ils étaient plus ou moins nombreux, selon la population des campagnes. Chaque jour les insurgés se rendaient au camp qui leur était assigné, se soumettant aux appels et aux réquisitions, suivant la discipline introduite par les officiers émigrés. A la moindre apparition des troupes républicaines, le cornet à bouquin, signal de ralliement, se faisait entendre de toutes parts.

L'insurrection de ce côté avait pris un tel accroissement que presque toute la rive droite de la Loire était occupée par les royalistes, depuis Nantes jusqu'à Blois, où l'on ne pouvait arriver sans escorte. Les détachemens républicains qui se montraient sur la route étaient fréquemment attaqués, et souvent surpris. C'était au Mans et à Angers que l'armée d'Anjou et de Bretagne s'approvisionnait de munitions de guerre. Au risque d'être découvert, le comte de Bourmont se chargeait parfois de ces commissions périlleuses.

Au commencement de 1796, l'organisation de l'armée du bas Anjou et de la haute Bretagne fut arrêtée de la manière suivante:

ÉTAT-MAJOR GÉNÉRAL.

Général en chef : le vicomte de Scépeaux.
Commandant en second : le comte de Châtillon.
Major-général : le comte de Bourmont.
Adjudant-général : le chevalier d'Andigné.
Inspecteur-général : le chevalier Turpin de Crissé.
Commandant-général de la cavalerie: M. Gourlet.

TURPIN DE CRISSÉ.

Commandant du quartier-général : M. de Gai-Fontaine.

AIDES-DE-CAMP DU GÉNÉRAL EN CHEF.

Le baron Charles de Turpin ; MM. Le Meignan, Du Pin, Kermartin, et Brisard.

AIDES-DE-CAMP DU COMMANDANT EN SECOND.

MM. de Marville, de Lamorinière, Bedeau de l'Écochère.

COMMISSAIRE-GÉNÉRAL ET AUMÔNIER.

L'abbé Cadoux, ancien chanoine de Quimper.

MÉDECIN.

Le docteur Huart.

CHIRURGIEN.

M. Terrier.

Aide-de-camp du major-général : le chevalier De Badun.

Secrétaire-général en chef : M. de Livernais.

GRAND CONSEIL DE L'ARMÉE.

Le vicomte de Scépeaux, le comte de Châtillon, *président;* MM. de Bourmont, d'Andigné, Turpin, Gourlet, Plouzin, Tercier, Palierne, Sans-Peur, le chevalier de Tercier, Gaulier, Amant, de Valois,

Coguereau, Denis, de Botherel-Moron, Rousseau, La Renais, Eroudelle aîné, Mayenne, le comte de Thoron.

ORGANISATION ET FORCE DE L'ARMÉE.

CORPS DE CHASSEURS COMPOSÉ DE DÉSERTEURS.

Commandant: de Gai-Fontaine.

Capitaines: Bernand, d'Aubenton, Faubras, Marianis.

Lieutenant: Cornu.

	Hommes.
Officiers et chasseurs.	200

PREMIÈRE DIVISION.

Chefs: Plouzin, le commandeur de Fougeroux, De Margadel, le chevalier de Margadel.

Chefs de cantons: François Bernard, Baitrillon, Cailleau.

Infanterie.	1,740
Cavalerie.	60

DEUXIÈME DIVISION.

Chefs: Terrien, Cœur-de-Roi, Lemaître.

Chefs de cantons: Hardi, Le Tigre, Le Léopard, Rougé.

Infanterie.	1,450
Cavalerie.	30
	3,480

Hommes.

REPORT. 3,480

TROISIÈME DIVISION.

Chefs : Palierne, Mayenne, Rousseau.

Chefs de cantons : de Lahoussaye, de Donavin, L'Épivant, de la Renais.

Infanterie. 2,180
Cavalerie. 220

QUATRIÈME DIVISION.

Chefs : Sans-Peur, le comte D'Avaisne, le chevalier de Dieusie.

Chefs de cantons : Mercier, le chevalier de Candé.

Infanterie. 1,700
Cavalerie. 100

CINQUIÈME DIVISION.

Chefs : Gaulier, Coquereau.

Chefs de cantons : Armand, L'Espérance, Frédéric.

Infanterie. 1,450
Cavalerie. 50

SIXIÈME DIVISION.

Chefs : de Valois, de Placenette, chevalier de Monklo.

9,180

	Hommes.
Report.......	9,180

Chefs de cantons : Moustache, Mousqueton, Fleur-d'Épine, chevalier de Bregest.

Infanterie................	1,450
Cavalerie...............	50

SEPTIÈME DIVISION.

Chefs : Chevalier de Tercier, Lechandelier.

Adjudans : Raoul, Tamerlan.

Chefs de cantons : Saint-Paul, Rochambeau, Lafrance, Lafosse, de Tilly, d'Escarbouville.

Total de cette division....	3,000

HUITIÈME DIVISION.

Chefs : Amant, de Tremignon.
Deux chefs de cantons.

Infanterie................	440
Cavalerie...............	60

NEUVIÈME DIVISION.

Chefs : le comte de Thoron, Eroudelle junior, Charette de la Gacherie, de Lamorinière.

14,180

	Hommes.
REPORT	14,180
Chefs de cantons : Henri, Lagarde.	
Infanterie	1,200
Cavalerie	30

DIXIÈME DIVISION.

Chefs : Denis, Palierne cadet, etc.

Infanterie et cavalerie	500
TOTAL GÉNÉRAL EN HOMMES	15,710

dont 500 hommes de cavalerie.

On évaluait le nombre des blessés ayant besoin de secours à quatre cent cinquante, terme moyen. Parmi les officiers on en comptait trente ou quarante qui étaient des émigrés rentrés, étrangers au pays, sans autres moyens d'existence que ceux qu'ils tenaient de la bonne volonté et de l'hospitalité des habitans des campagnes.

Cependant le général Hoche venait d'être élevé au commandement en chef des armées républicaines de l'Ouest par le Directoire exécutif. Général ferme et habile, plein d'ambition, il avait juré de soumettre et de pacifier la Vendée et la Bretagne. Il avait poursuivi Charette et Stofflet avec tant de vigueur, que ces deux chefs célèbres venaient de tomber en son pouvoir. L'un ayant été fusillé à Nantes, l'autre, surpris, conduit à Angers, fut également passé par les armes. Toute la Vendée, le haut Aujou et la rive gauche de la Loire se trouvant pacifiés, Hoche tourna ses regards vers la rive droite; il croyait n'avoir rien fait tant qu'il n'aurait pas soumis la Bretagne. Il y porta toute son attention, et passa la Loire avec quinze mille hommes pour forcer enfin les Chouans à recevoir la paix.

Le danger était pressant. Depuis près de quatre mois les efforts du comte de Puisaye, qui aspirait au commandement général des royalistes de Bretagne et pays circonvoisins, tendaient à prévenir la dissolution de son parti. Il ne lui voyait plus d'autre appui que dans les subsides du gouvernement britannique. Dès le mois d'octobre, ayant senti la nécessité d'un secours pécuniaire fixé et réglé, sur lequel on pût établir toutes les opérations, il avait formé la demande d'une somme de vingt-sept mille livres sterling par mois, pour les armées de Bretagne, de Charette, de Scépeaux et de Stofflet. Tout fut accordé; Puisaye en donna aussitôt avis par une lettre circulaire à toutes les divisions royalistes, et il reçut lui-même la confirmation du subside par une note officielle que lui transmit sir John Warren; elle portait qu'il serait mis à terre dix-sept barils contenant vingt-six mille livres sterling pour être distribuées, onze mille livres à l'armée de Bretagne, et cinq à chacune des trois autres. Le paiement de ce subside devait former la solde des armées royales pour le premier mois. Mais les royalistes, accablés déjà de revers, n'ayant pu s'emparer de la côte du Morbihan, où le versement devait s'effectuer, l'amiral Herwey, chargé de ramener les forces navales anglaises, avait fait remettre à bord l'argent, les armes et autres secours, et le tout était rentré dans les ports d'Angleterre. Puisaye en réclamait vivement le prompt renvoi. Ses instances étaient appuyées par l'autorité du comte de Botherel, l'un des Bretons royalistes les plus considérés à la cour de Londres et auprès des princes de la maison royale. Nul ne fut chargé de plus de missions périlleuses. Plus de quarante fois il passa de Bretagne en Angleterre, et d'Angleterre en Bretagne, où il était alors. Après avoir parcouru pendant plusieurs mois les différentes armées royalistes de la Bretagne et du bas Anjou; après s'être assuré par lui-même de leur situation et de leurs besoins; après avoir examiné leur organisation, leur ensemble, et surtout les motifs qui les empêchaient de s'étendre ou de faire des conquêtes stables, il fut député, par leur conseil-général, auprès du gouvernement anglais pour lui demander les secours nécessaires et promis.

De son côté, le vicomte de Scépeaux et son conseil venaient de charger le comte de Bourmont, major-général, d'une mission semblable. Muni des pouvoirs nécessaires, le comte de Bourmont, accompagné des chevaliers de Payen et de Verdun, se joignit au comte de Botherel, au marquis de la Ferronière et au chevalier de la Garde, s'embarqua avec eux pour Jersey, et de là pour l'Angleterre.

Dans l'intervalle, Puisaye, s'étant mis en route dans l'espoir de déterminer les Vendéens à reprendre les armes, arriva au quartier-général du vicomte de Scépeaux. Ce fut à cette époque que madame de Turpin eut occasion de voir Puisaye et de s'entretenir avec lui de la situation du parti royaliste armé. La Vendée était aux abois; et, comme on l'a vu, Charette et Stofflet succombèrent.

Bientôt l'armée du général Hoche ayant passé la Loire, toute la rive droite du fleuve depuis Angers jusqu'à Nantes fut couverte de soldats. Hoche, qui avait promis aussi de dompter les Chouans, leur adressa une proclamation fière et menaçante. Tandis que plusieurs de ses colonnes traversaient la Vilaine, pour soumettre aussi le Morbihan, des troupes nombreuses achevaient d'envahir le territoire du vicomte de Scépeaux. Dès le mois de février, au moment même où ce chef allait passer en revue les divisions de Laval et conférer avec le comte de Frotté et d'autres officiers royalistes, vingt bataillons de l'armée de Hoche commençaient à traverser le pays compris entre Amiens, Angers et Segré.

L'une de ces colonnes s'était dirigée sur le château de Bourmont, où se tenait le quartier-général. Le comte de Châtillon, en l'absence du vicomte de Scépeaux, n'ayant avec lui qu'une poignée de royalistes, envoya les malades et les blessés au château d'Angrie et se retira d'abord à Candé. Là, il espérait réunir une ou deux divisions et opposer quelque résistance; mais, forcé de se battre, soit dans leur camp, soit sur les routes, les insurgés ne purent le joindre ni se concentrer.

Cependant le vicomte de Scépeaux, à son retour du Maine, se porte avec le comte de Châtillon sur le bourg d'Auvernet, où avait pris position un corps républicain qui gênait les communications des royalistes; ce corps avait atteint peu de jours auparavant un chef de canton nommé Rossignol qui avait péri dans le combat, ainsi qu'une centaine d'insurgés sous ses ordres. Scépeaux attaque l'ennemi sans hésiter, et emporte le bourg après un engagement vif et court. Les républicains se replient sur le grand Auvernet, et laissent deux cents des leurs sur la place. La perte des royalistes fut peu sensible à cause de la promptitude de l'attaque; ils eurent à regretter toutefois le capitaine de la paroisse de Saint-Mars-la-Jaille, homme intrépide qui avait reçu neuf blessures dans la guerre vendéenne et d'outre-Loire.

Du côté de Segré, le chevalier de Turpin, Mesnard et d'Avaisne attaquèrent le 8 mars, avec un autre rassemblement, l'adjudant-général Henri qui, à la tête d'un détachement d'infanterie et de vingt hussards, conduisait à Segré un convoi. L'action s'engagea des deux côtés de la route, à la hauteur du moulin de Saint-Denis, entre Segré et le village de Dandigné. Les Chouans y étaient embusqués. A leur première décharge, les soldats républicains lâchent le pied ; l'adjudant-général Henri veut tenir ferme avec une poignée de grenadiers, cinq chasseurs de Cassel et le capitaine Roger. Assailli de tous côtés, forcé de céder au nombre, il se replie sur le village de Dandigné ; en y entrant, il est atteint d'une balle. Bientôt affaibli par la perte de son sang, il refuse de monter à cheval et de fuir, voulant partager le sort des braves qui ne l'ont point abandonné; tous succombent, et, lui, blessé à mort, a la douleur de voir égorger sous ses yeux soixante de ses soldats, que rien ne peut garantir de la fureur des insurgés, dont les chefs n'étaient plus écoutés. Il expire lui-même sous de nouveaux coups. L'enlèvement du convoi et le massacre de l'escorte enivrèrent les royalistes angevins qui virent bientôt grossir leur nombre : tel était l'effet que produisait dans leur parti le moindre avantage.

Mais le général Hoche, qui venait de tout

soumettre sur la rive gauche de la Loire, y laissant peu de troupes, se mit à poursuivre de nouveau avec des forces imposantes l'armée du vicomte de Scépeaux. Elle était devenue le refuge, depuis un dernier débarquement d'émigrés sur la côte de Saint-Malo, de tous ceux qui s'étaient d'abord destinés pour la Vendée. L'un d'eux, Armand de Beaumont, neveu et aide-de-camp du marquis d'Autichamp, arrive au milieu de ces nouveaux compagnons d'armes au moment où les républicains surprenaient, au château de Beauchêne, une division d'insurgés qui n'était pas encore réunie. L'avant-garde était déjà en déroute, et plusieurs officiers avaient succombé. Avec quinze hommes seulement Beaumont résiste aux premiers pelotons de la colonne d'attaque, et les force de regagner le château, où, presque seul, il les tient en échec jusqu'à ce que les royalistes, ralliés, puissent se replier en bon ordre. Ils lui furent redevables de n'avoir pas été entièrement défaits.

Cependant le comte de Bourmont, de retour d'Angleterre, et le meilleur officier de l'armée de Scépeaux, avait réuni près de Candé un gros corps d'insurgés, et marchait sur Angers au-devant des républicains. Il les rencontre, dans une lande, au nombre de quatre mille hommes, et les attaque avec une force presque double, mais qui laisse peu d'espoir de résister à des troupes régulières. Toutefois l'engagement, une fois commencé, ne finit qu'avec le jour, et le succès fut si balancé qu'aucun parti ne put se vanter d'avoir remporté la victoire. La journée fut plus glorieuse pour les royalistes angevins qui, en combattant en ligne, ne furent point enfoncés.

Malgré tous les efforts des royalistes entre la Loire et la Vilaine, ils ne pouvaient guère opposer qu'environ quinze mille hommes éparpillés, à trente mille soldats marchant en colonnes, qui s'emparaient successivement des bourgs, des villages, des hameaux; et qui, par des mouvemens combinés,

finissaient par disperser tous les rassemblemens. Les deux partis marchaient souvent
en tirailleurs, et dans les lieux fourrés se
trouvaient si près l'un de l'autre que les soldats se tiraient à bout portant. Tous les
grains étaient enlevés pour l'armée républicaine. Rien ne pouvait plus arrêter la licence
du soldat. Les familles des chefs royalistes
n'avaient plus pour asile que les bois et les
forêts. Des femmes, nées dans l'aisance, ac-
coutumées aux superfluités du luxe, dor-
maient sur la terre, se cachaient sous des
cabanes ouvertes aux animaux, et enten-
daient autour d'elles le bruit des combats et
le cri des mourans. Hoche accablant l'armée
de Scépeaux, ce chef assemble son conseil et
décide que, pour arrêter les dévastations et
gagner du temps, une suspension d'armes
sera proposée. Muni de pouvoirs pour traiter, il s'adresse directement à Hoche. « Peut-
» être, répond ce général, êtes-vous un de
» ces mêmes pacificateurs qui ont déjà trompé
» la république; et peut-être espérez-vous

» obtenir les mêmes avantages qui furent of-
» ferts et accordés autrefois à la faiblesse : dé-
» trompez-vous, je me charge d'opérer seul
» ce désarmement de quelques hordes qui
» sont sur le point d'abandonner leurs chefs
» qu'elles abhorrent : soumettez-vous, ou je
» saurai vous atteindre. »

Il ne restait plus qu'à recevoir la loi, et le vainqueur pouvait l'imposer humiliante, sans aucune concession dont l'honneur pût se prévaloir. Heureusement d'autres voies de négociations étaient ouvertes. La vicomtesse de Turpin, qui, l'année précédente, avait contribué à rapprocher les deux partis, recevait lettres sur lettres du sieur Bancelin, ce même riche propriétaire qui était en grand crédit auprès de Hoche : il la pressait d'employer sa médiation auprès des chefs royalistes, pour les décider à accepter l'amnistie offerte à plusieurs reprises par le général républicain. Elle avait d'abord répondu que puisqu'il en exceptait les chefs par les conditions mêmes qu'il imposait, elle ne pouvait hasarder la moindre ouverture, tous les généraux royalistes étant d'avis de mourir les armes à la main plutôt que de traiter sur le pied de brigands.

Retirée alors au village de la Menantais, madame de Turpin y était entourée de paysans pieux, de domestiques fidèles. De la colline où est assis le village, elle apercevait et le château d'Angrie, et les bivouacs des républicains qui couvraient tout le pays. Les principaux chefs de son parti, tels que Scépeaux, Bourmont, Châtillon et d'Andigné, venaient conférer avec elle. Un jour, se trouvant réunis, elle reçoit une nouvelle lettre du sieur Bancelin qui revenait à la charge et protestait qu'elle obtiendrait de meilleures conditions. Elle communique aux chefs toute sa correspondance. On lui dicte une réponse; et on sollicite, pour un officier de l'armée, un sauf-conduit afin qu'il puisse aller conférer avec le général Hoche et aviser aux moyens de soustraire le pays à une ruine totale. Hoche refuse le sauf-conduit et imprime encore plus d'activité à ses colonnes et de vivacité à ses attaques.

Le vicomte de Scépeaux battu à Auverney, surpris à Saint-James, défait à Saint-Sulpice et près d'Ancenis, ne voyant plus d'autre voie de salut que dans une prompte paix, assemble de nouveau le conseil. La sûreté des émigrés, celle des chefs, la liberté du culte, l'exemption de la réquisition, la conservation des armes : telles sont les bases qui sont posées pour régler la capitulation.

La vicomtesse de Turpin, qui assistait au conseil, reçut pour traiter des pouvoirs du vicomte de Scépeaux, datés de Vritz, le 1er mai 1796, conçus en ces termes :

« Je donne pouvoir à madame de Turpin
» de traiter avec le général Hoche, sur tous
» les articles qu'elle croira avantageux à
» l'intérêt général du pays. Si quelques arti-
» cles souffraient des difficultés et qu'elle
» n'osât prendre sur elle de les lever, ma-
» dame de Turpin voudra bien m'en faire
» part, afin que sur-le-champ je prenne

« avec mes officiers un arrêté définitif. »
Signé le vicomte de Scépeaux.

A ces pouvoirs étaient jointes les instructions suivantes :

« Dans l'impossibilité où je suis de communiquer avec le général Hoche, pour les affaires de mon armée, et madame de Turpin voulant bien se transporter auprès de ce général, je la charge de lui exprimer les demandes que je fais pour l'intérêt général.

» 1° Madame de Turpin exposera l'utilité d'une réunion totale du parti royaliste, seul moyen d'arrêter les maux désastreux de la guerre civile.

» 2° Elle assurera que nos désirs nous portent à n'accepter des conditions de paix que d'accord avec M. de Puisaye et autres chefs.

» 3° Elle demandera la suspension de la marche des colonnes mobiles.

» Fait à Vritz, ce 1er mai 1796. »

Signé le vicomte de Scépeaux, *général de l'armée de haute Bretagne et bas Anjou.*

En même temps le vicomte de Scépeaux
donnait avis au comte de Puisaye de l'ouverture des négociations. « C'est un piége,
» lui répond ce chef....... il faut gagner du
» temps. Le parti royaliste est *un* comme le
» Roi pour lequel il combat : une portion ne
» peut traiter sans l'autre. »

Déjà même M. d'Autichamp avait envoyé
M. de Beaumont auprès de M. de Scépeaux
pour le prévenir qu'il était dans la même position que lui, et pour le prier de le faire
comprendre dans les conditions qu'on lui
accorderait. M. de Beaumont le dit lui-même
à madame de Turpin, en lui communiquant
la lettre de M. d'Autichamp; lettre dont il
était porteur.

Mais le général Hoche ne voulait que des
soumissions séparées; il faisait attaquer partout les rassemblemens royalistes; partout il
les dispersait et les mettait en fuite. Ce fut
dans ces circonstances terribles que madame
de Turpin prit la détermination courageuse
d'aller remplir la mission délicate qui lui

était confiée. Elle était bien moins accessible à la crainte du danger qu'à l'inquiétude, bien plus grande encore, de ne pas réussir; et prévoyant toutes les tribulations qui pourraient s'attacher à sa démarche, elle éprouvait les plus vives angoisses que l'on puisse s'imaginer. La mort, qu'elle allait braver, les obstacles qu'il lui fallait surmonter, les préventions qu'il lui faudrait vaincre, tout semblait aggraver sa position et lui en faisait le tableau le plus affreux. Enfin, par le plus grand effort qu'on puisse faire sur soi-même, madame de Turpin partit le 4 mai du village de la Menantais, où venaient se rassembler les principaux chefs de son parti. Ils l'avaient beaucoup pressée, dans le cas où elle ne trouverait pas le général Hoche à Angers, ni à Nantes, d'aller jusqu'à Rennes; et pour en prévenir M. de Puisaye, on lui dépêcha M. d'Andigné qui avait assisté à tous les conseils. On mandait au comte de Puisaye que telle était la position critique de l'armée de la haute Bretagne et du bas Anjou, qu'elle était dans la nécessité d'avoir recours à la faible intervention d'une femme; mais que l'accablement où l'on était, et la perte inévitable du pays, en faisait une loi; que madame de Turpin, d'ailleurs, était très-attachée au parti royaliste; qu'elle était remplie de droiture et de probité; que déjà, dans la première pacification, elle avait obtenu les succès les plus flatteurs; que dans les circontances actuelles, elle se dévouait au salut de son parti; qu'elle se mettait en route sans passe-port, pour se rendre auprès du général Hoche; que si elle ne pouvait le joindre qu'à Rennes, elle irait jusque là, en passant par Angers et Nantes. M. de Puisaye manda qu'il était fort aise qu'on eût choisi madame de Turpin, et envoyant une adresse où elle pourrait le trouver à Rennes, il avertit qu'il s'en rapprocherait et la guiderait pour tout ce qui concernait les armées royales. Mais au moment où madame de Turpin se mettait en route pour Rennes, on vint l'avertir que le général Hoche arrivait à Angers : elle prit alors cette direction, ce qui mit obstacle à l'entrevue qu'elle devait avoir avec le comte de Puisaye.

D'un autre côté, M. de Bourmont venait d'être envoyé aux comtes de Rochecotte et de Frotté, l'un chef des royalistes du Maine, l'autre des royalistes de la Normandie, à l'effet de leur faire connaître les circonstances où se trouvait l'armée du vicomte de Scépeaux; il était chargé de recevoir leurs avis et de solliciter leur adhésion. Les deux chefs signèrent une délibération par laquelle ils souscrivirent d'avance aux conditions qu'on accorderait à M. de Scépeaux. Cette pièce fut confiée à madame de Turpin, qui en a été dépositaire long-temps; elle la tenait de M. de Bourmont.

Cependant, partie sans sauf-conduit et bravant tous les dangers, madame de Turpin vint s'aboucher avec le général Baillot, qui commandait à Angers; il favorisa sa mission, tout en l'assurant qu'elle n'obtiendrait rien sans la reddition des armes. Elle revint sur ses pas et demanda aux chefs de son parti de nouvelles instructions; ils se bornèrent à confirmer ses premiers pouvoirs, et la pressèrent de se remettre en route. Madame de Turpin court à Ancenis. Là, se voyant environnée de dangers, elle préfère s'embarquer sur la Loire jusqu'à Nantes, malgré la surveillance des chaloupes canonnières; car il ne faut pas oublier que la négociatrice n'avait ni sauf-conduit, ni passe-port. Au moment où elle mettait le pied sur le bateau, le général Baillot vient l'avertir que le général Hoche arrive le même jour à Nantes : elle dépêche aussitôt vers ce général l'homme qui s'était dévoué pour l'accompagner; sorte de guide, très-intelligent ; il fut bien reçu par le général Hoche qui lui donna un sauf-conduit pour madame de Turpin : elle ne le reçut que vingt-quatre heures après.

A son arrivée à Nantes elle apprend que Hoche vient de se porter sur Angers; trois fois elle fait le trajet de Candé à Angers; elle obtient enfin de ce général une entrevue, dont les détails appartiennent essentiellement à l'histoire de cette guerre.

Hoche l'accueillit avec distinction; il applaudit à sa mission et à ses démarches. Madame de Turpin lui représenta d'abord que le vicomte de Scépeaux et les autres chefs de son parti ne pouvaient être amenés à des moyens de conciliation qu'après avoir conféré avec lui sur les conditions de la paix. « Les Chouans, répond Hoche, n'existent » pas comme corps d'armée; je ne leur re- » connais point de chef; je les regarde comme » des brigands dont je verrai bientôt l'en- » tière destruction. — Mais, répliqua ma- » dame de Turpin, les royalistes n'ont-ils pas » assez fait connaître leur existence par la » destruction de trois cent mille républi- » cains; et puisque vous les appelez *chouans*, » ne serais-je pas forcée de nommer les ré- » publicains *des bleus ?* Ne serait-il pas plus » convenable de parler avec estime de deux » partis qui défendent avec une égale bra- » voure, l'un les droits de la monarchie, » l'autre des usurpations? Un capitaine tel » que vous, général, aime à reconnaître la

» valeur même dans ses ennemis. Serait-il
» possible que vous n'eussiez pas une grande
» idée d'un peuple qui, depuis cinq ans,
» combat avec tant de constance et de cou-
» rage des troupes qui sont la terreur de l'é-
» tranger? Quant aux chefs royalistes, vous
» le savez, ils n'ont d'autre refuge que dans
» leur énergie et un noble désespoir. Vous
» ne pouvez méconnaître des Français à de
» tels sentimens et à de telles actions; et vous
» les traiterez avec générosité, j'en suis sûre;
» vous le devez à vous-même et à la nation.
» — Madame, réplique Hoche, je veux ré-
» pondre à votre démarche généreuse et à
» votre sollicitude toute française. Une par-
» tie de ce qu'on me demande est contenue
» dans mes proclamations aux soldats roya-
» listes ; je puis accorder quelque chose aux
» officiers; mais vous avez des émigrés dans
» votre parti, et les lois sont formelles contre
» eux. — Pourquoi en connaître, général?
» Il n'y a parmi nous que des officiers roya-
» listes; ils sont tous sous le même contrôle.

» Quand nos longues querelles seront assou-
» pies et que la raison pourra se faire enten-
» dre, la patrie n'aura-t-elle pas besoin de
» tous ses enfans? Ah! général, essayez de la
» clémence; si vous en sentiez une fois les
» douceurs, vous jouiriez bien mieux de vo-
» tre gloire; vous serviriez mieux votre pays
» par un acte conservateur, que par mille
» victoires achetées avec du sang français. »

Hoche alléguant les difficultés qu'op-
poseraient les délégués du directoire, qui
regardait les émigrés comme étant toujours
un sujet de troubles, madame de Turpin s'offrit elle et ses enfans comme otages et cau-
tion de la conduite des émigrés dans cette
circonstance. Ce fut alors que Hoche lui dit :
« Madame, j'aurais bien mauvaise opinion des
» royalistes s'ils n'avaient pas pour vous l'es-
» time que vous m'inspirez à moi-même. Eh
» bien! reprend ce général, dont l'âme était
» élevée, je veux vous témoigner la consi-
» dération que m'inspire le caractère de vo-
» tre mission. Pour ne pas vous exposer à de

» nouveaux dangers, je vais écrire ce que je
» peux vous accorder, au risque même de
» dépasser mes pouvoirs. » Prenant alors la plume, il rédigea sept articles, dont le plus remarquable fut celui qui accordait aux émigrés, non plus par des instructions adressées à ses propres généraux et susceptibles d'être interprétées ou révoquées, mais par une clause expresse, la permission de se retirer soit en Suisse, soit en Angleterre, soit en Amérique, et dans un délai qui n'était pas limité.

Dans aucun de leurs traités les puissances de l'Europe n'avaient rien stipulé d'aussi favorable pour des hommes toujours abandonnés et voués au malheur à cause de leur fidélité.

N'ayant plus rien à obtenir, madame de Turpin prit congé de Hoche, qui la pressa de faire consentir les chefs à une reddition prompte s'ils ne voulaient pas s'exposer à la destruction totale de leur parti et à la dévastation de la province. Le lendemain il écrivit au vicomte de Scépeaux pour l'inviter à venir conférer avec lui à Angers, lui annonçant qu'il trouverait une escorte sur la route. Cette conférence, à laquelle madame de Turpin assista, eut lieu, mais les deux généraux ne purent s'accorder, et quand madame de Turpin parut, Scépeaux lui dit : « Tout est perdu, madame. » On reprit néanmoins la conférence dans un salon où se trouvèrent réunis, d'une part, une trentaine de généraux républicains, et de l'autre M. de Scépeaux, debout, ainsi que ses officiers. Toutes les difficultés furent enfin aplanies.

Se tournant vers ses généraux, Hoche leur dit qu'à compter de ce jour il espérait ne plus les employer à combattre des Français; que la paix allait être le fruit de leurs travaux et le signal de la réunion des insurgés à la majorité de la nation. Il invita ensuite M. de Scépeaux à signer son adhésion ; ce qu'il fit, en disant qu'il mettait toute sa confiance dans la loyauté des militaires français.

« Ce pays, reprit Hoche, en s'adressant à

» madame de Turpin, ce pays, si long-temps
» déchiré et si long-temps malheureux, vous
» doit son repos, madame, et tous les Fran-
» çais vous doivent des hommages. Que dé-
» sirez-vous que je fasse maintenant? — Gé-
» néral, répondit-elle tout émue et ne pou-
» vant plus retenir ses larmes, je n'ai rien à
» vous demander pour moi, mais en grâce
» faites ouvrir les prisons à tous ceux qu'on
» y retient comme insurgés, ou à raison de
» leurs opinions politiques. »

Hoche s'adressant aussitôt à ceux de ses officiers qui commandaient à Angers, à Laval, à Château-Gonthier, leur prescrivit de lui faire un prompt rapport sur les détenus susceptibles d'être mis en liberté. On se sépara après qu'il eut nommé le général Gratien pour veiller à l'exécution du traité.

Il ne restait plus qu'à poser les armes. M. de Scépeaux et ses officiers motivèrent leur adhésion à la paix par la proclamation suivante : « Compagnons d'armes ! tant que
» nous avons cru pouvoir rétablir par la

» force l'exercice libre du culte de nos pères
» et l'héritier légitime de la monarchie fran-
» çaise, nous n'avons cessé de combattre à
» votre tête et d'exciter le courage et la per-
» sévérance que vous avez déployés aux yeux
» de l'Europe entière ; mais aujourd'hui que
» de plus longs efforts n'attireraient que de
» nouveaux malheurs sur notre pays, déjà
» dévasté, nous vous invitons à rendre les
» armes pour mettre fin à une guerre qui
» deviendrait le fléau de la patrie que nous
» voulions défendre : à cette condition vos
» personnes et vos biens seront sous la sauve-
» garde des lois, et le passé restera dans l'ou-
» bli. Ce n'est que d'après une telle assu-
» rance que nous avons pu consentir à une
» démarche contraire au vœu de notre cœur,
» mais dictée par des circonstances impé-
» rieuses. »

Le commissaire du directoire exécutif, Delmas, qui n'avait pas été appelé aux conférences, manda chez lui le général en chef, madame de Turpin, et le sieur Bancelin que

Hoche, sur la demande de madame de Turpin, venait de nommer commissaire civil pour l'expédition des passe-ports aux officiers émigrés. Tous trois se présentèrent chez ce fonctionnaire public, qui, prenant la parole et s'adressant à madame de Turpin, lui dit : « Le général a dû vous signifier que les émi-
» grés ne peuvent rester en France, et qu'il
» faut qu'ils en sortent à l'instant. — Oui,
» monsieur, lui répondit-elle; mais avez-vous
» la certitude qu'il ne leur arrivera rien en
» route, et que le malheur sera respecté dans
» leur personne? — Il ne peut rien leur arri-
» ver, répliqua Delmas, puisque le général
» a donné sa parole. — Il l'avait donnée à
» Quiberon, s'écrie alors madame de Turpin,
» et vous avez fait feu sur l'élite de la marine
» française! » Le commissaire et le général restèrent interdits. Mais, se hâtant de justifier le général Hoche, elle ajouta du fond de son cœur : « Que Dieu soit loué, messieurs;
» le général n'y fut pour rien. Vous tiendrez
» votre parole, général, et nous la nôtre. »

Le général répondit : « La vôtre me suffit, » j'aurais bien mauvaise opinion des roya- » listes s'ils n'étaient pleins de confiance en » vous. » On se sépara aussitôt après que le général eut présenté à madame de Turpin le général Gratien, qu'il envoyait à Candé avec une colonne de troupes républicaines pour veiller à l'exécution de la paix; il lui recommanda de correspondre avec madame de Turpin et d'agir d'accord avec elle pour tout ce qu'elle pourrait lui représenter comme pouvant être utile et convenable à la tranquillité du pays.

Le lendemain le général Gratien partit pour Candé à la tête de ses troupes, et madame de Turpin se rendit au village de la Menantais pour rendre compte aux autres chefs qui s'y trouvaient encore de tout ce qui venait de se passer. Avant de quitter Angers, elle avait demandé au général Hoche et obtenu l'autorisation de résider au château d'Angrie, appartenant à son neveu, Charles de Turpin; elle et son neveu se rendirent responsables de la conduite de tous les émigrés qui s'y trouvaient et qui ne pouvaient être en sûreté ailleurs, jusqu'au jour de leur départ. C'est d'Angrie que partirent MM. de Châtillon, de Bourmont, Duplessis-Legout, de Loménie, et beaucoup d'autres encore; munis de sauf-conduits, ils repassèrent librement en Angleterre dans le courant de juin 1797.

Ainsi l'armée, entre la Loire et la Vilaine, déposa les armes dans les places d'Angers, de Segré, de Candé, de Saint-Georges et d'Ingrande : les réfugiés rentrèrent successivement dans leurs foyers. Le vicomte de Scépeaux, après avoir engagé sa parole dans deux traités successifs, a été fidèle au second et n'a plus repris les armes.

L'événement qui arriva peu de temps après prouve jusqu'à l'évidence que l'article accordé en faveur des émigrés, par l'intercession de madame de Turpin, à l'armée du vicomte de Scépeaux, avait été refusé précédemment aux officiers émigrés qui avaient joint l'armée du haut Anjou, commandée alors par Stofflet. Le 26 juillet de la même année, madame de Turpin reçut une lettre de MM. de Montjean, Grandjean et Chafoi, pris dans l'arrondissement du haut Anjou, et traduits devant une commission militaire. Ils s'adressaient à madame de Turpin pour obtenir du général Hoche le bénéfice de la condition accordée aux émigrés de l'armée de Scépeaux; mais l'exprès qu'ils envoyèrent perdit plus de six heures en route, et ces malheureux condamnés furent fusillés. Madame de Turpin reçut le lendemain la réponse du général.

Quelques semaines s'étaient à peine écoulées qu'on surprit à Hoche l'ordre de faire arrêter tous les chefs royalistes des départemens de l'ouest qui venaient de se soumettre. Scépeaux fut arrêté à Nantes; M. de Bejari et beaucoup d'autres le furent dans la Vendée; M. d'Autichamp parvint à se soustraire à cette mesure; M. de Turpin et le chevalier d'Andigné se mirent également à couvert.

Ce fut le Directoire exécutif qui força Hoche à faire arrêter les chefs royalistes et les prêtres; Hoche s'en plaignit; on lui répondit en l'invitant à rendre compte de sa conduite. En allant à Candé, il passa par Angrie et vint y dîner avec le général Gratien et quelques aides-de-camp. Madame de Turpin sollicita vainement la grâce de plusieurs émigrés. Dans une conversation confidentielle, Madame de Turpin dit à Hoche : « Mais, général, au lieu
» d'aller en Irlande (dont on préparait l'ex-
» pédition), que ne remettez-vous le Roi sur
» le trône?— Cela est impossible, madame,
» répondit Hoche. — Vous n'êtes pourtant
» pas républicain, je le parierais; vous ferez
» un roi, ou bien vous le serez vous-même.
» — Moi! lui-dit-il, tant d'ambition ne va
» pas à un particulier. — Mais, général, vous
» pouvez y prétendre comme bien d'autres;
» le trône semble d'ailleurs vacant; mais
» peut-être auriez-vous trop de concurrens;
» ne vaudrait-il pas mieux y replacer le roi lé-
» gitime, en faisant vos conditions et celles de

» la France entière? — Madame, réplique
» Hoche, je n'aime pas mieux que vous l'a-
» narchie actuelle; soyez tranquille, les choses
» changeront en mieux. Je veux aller en Ir-
» lande sous peu : ce pays-ci remuera-t-il, en
» cas de malheurs? » Madame de Turpin lui
dit qu'elle ne le croyait pas; que le pays semblait vouloir jouir des douceurs de la paix;
qu'il ne serait pas troublé de nouveau si l'on
suivait la ligne de la modération et de la
justice.

A son retour de l'expédition, qui échoua,
le général Hoche alla prendre le commandement de l'armée de Sambre-et-Meuse, et laissa
le commandement des contrées de l'Ouest
au général Hédouville. Madame de Turpin
correspondait, dans l'intérêt de son parti,
avec ce général et avec d'autres généraux républicains.

Cet état de calme dura depuis 1797 jusqu'en 1799. On peut affirmer que pendant
cet intervalle on fut en partie redevable de la
tranquillité à madame de Turpin, qui, par la

confiance et la considération qu'elle s'était acquises, était seule en mesure d'apaiser les querelles, et d'obtenir justice, soit pour les personnes faussement accusées, soit pour réprimer ou prévenir les troubles toujours prêts à renaître. Beaucoup d'anciens chefs royalistes étaient absens, ou dans les prisons; et un grand nombre d'émigrés qui n'avaient point obtenu les conditions accordées à ceux de la haute Bretagne et du bas Anjou, venaient au château d'Angrie demander à madame de Turpin son intervention, afin de participer aux mêmes avantages. Tout le monde avait besoin de sa bonté et de sa prudence; et comme le général Hédouville lui montrait autant d'estime que d'intérêt, elle a pu être utile à une foule de royalistes, de prêtres et d'anciennes religieuses.

Elle n'en fut pas moins en butte à la méchanceté et à la calomnie; et même, après tant de sacrifices faits au bonheur de son pays, elle fut arrêtée, ainsi que M. Charles de Turpin, son neveu, alors âgé de dix-sept ans, et traduite dans la prison de la Rossignolerie, d'Angers, par mesure de sûreté générale; et par suite de la révolution du 18 fructidor (4 septembre 1797), MM. de Scépeaux et d'Autichamp furent l'objet d'une mesure semblable.

L'arrestation de madame de Turpin, loin de diminuer son crédit, lui donna encore plus d'influence morale dans l'Anjou, et augmenta l'intérêt qu'elle inspirait déjà. Pendant sa détention, le commissaire du directoire vint plusieurs fois la visiter; elle lui demanda pour quel crime elle et son neveu se trouvaient compris dans une mesure générale qui ne devait atteindre que les conspirateurs ou les perturbateurs? Cet homme voulait remettre le séquestre, à peine levé, sur les biens de la maison de Turpin; il voulait même les faire vendre, ainsi que tous les meubles. L'administration du département opposa la loi qui était en faveur des détenus, personne n'approuvant la rigueur qu'on exerçait contre madame de Turpin et contre son neveu. C'était comme femme suspecte et dangereuse qu'on l'avait arrêtée à cette époque.

Quelques mois après, le Directoire ordonna de la rendre à la liberté, ainsi que les autres prisonniers royalistes. Madame de Turpin, ne pouvant obtenir la levée du séquestre, se rendit fermière des biens de sa famille, et fit sa résidence à Angers. Elle y resta jusqu'au mois de septembre 1798. Depuis plus de six mois les prisons se remplissaient de prisonniers de toutes les classes. Des intrigues dont les fils sont encore inconnus, et que semblait tenir entre ses mains le commissaire du Directoire, agitaient les campagnes. Beaucoup d'anciens chefs de Chouans, persécutés, vinrent secrétement à Angers demander à MM. de Turpin ce qu'il fallait faire; ces messieurs les engagèrent fortement à ne pas remuer; ils les mirent en garde contre certains aventuriers qui prétendaient avoir les ordres des princes pour recommencer la guerre civile; ils les signalèrent comme des instigateurs, eux n'ayant reçu aucun ordre semblable; et, malgré les dangers de leur position, ils résolurent de maintenir la paix tant qu'ils en auraient le pouvoir. Ces dispositions franches et généreuses, partagées par les anciens chefs principaux, n'empêchèrent pas le commissaire du Directoire d'appliquer à MM. de Turpin, de Scépeaux et d'Autichamp, la loi des otages.

M. d'Autichamp se sauva; et madame de Turpin se mit également à l'abri en fuyant, et en faisant sept lieues à pied, en rase campagne, vers Candé. En sortant d'Angers, il lui fallut passer trois portes, que le hasard fit trouver ouvertes, sans qu'elle fût reconnue. Le hasard aussi lui fit rencontrer un exprès porteur d'une lettre du comte de Châtillon, et qui lui était adressée. Le comte lui annonçait son débarquement et son séjour en Bretagne, ajoutant que la loi des otages et toute l'agitation de la France avaient fait regarder ce moment comme favorable aux princes pour une nouvelle prise d'armes; qu'il était envoyé pour venir apporter leurs ordres aux chefs persécutés, et qu'il priait madame de Turpin d'inviter MM. de Scépeaux, d'Autichamp et de Suzannet, à se rendre au quartier-général de Georges Cadoudal, dans le Morbihan; que là, il attendrait ces messieurs, et qu'il espérait bien que cette campagne, si l'on ne pouvait l'éviter, aurait un résultat favorable pour la France, et qu'elle amènerait enfin le rétablissement de la monarchie et de la maison de Bourbon.

Cette dépêche fut très-agréable à madame de Turpin; mais elle fut sans effet, cette dame n'ayant point trouvé à Angers, où elle rentra secrètement, les chefs convoqués par M. de Châtillon; chacun d'eux était parti de son côté sans avoir eu le temps de se concerter. Le premier général royaliste qu'elle rencontra le lendemain, aux environs de Segré, fut M. d'Andigné, qui, apprenant sa persécution, et proscrit lui-même, vint la voir et s'entretenir avec elle des intérêts de son parti. Madame de Turpin lui fit part de l'arrivée de M. de Châtillon, et lui communiqua sa lettre. M. d'Andigné partit aussitôt et fut le trouver. M. de Scépeaux, averti d'un autre côté, fut aussi dans le Morbihan, au rendez-vous.

Les instructions du comte de Châtillon portaient que si M. de Scépeaux n'avait pas conservé son crédit, et que l'armée demandât un autre chef, il fallait donner à cet ancien chef le grade d'inspecteur-général des armées royales, et, dans ce cas, remettre à M. de Châtillon le commandement en chef de l'armée de la haute Bretagne et du bas Anjou. Le chevalier d'Andigné et les officiers qui l'accompagnaient manifestèrent ce même vœu chez Georges Cadoudal. A cette entrevue, toutefois, M. de Châtillon fit tout ce qui était personnellement en son pouvoir pour que M. de Scépeaux conservât le commandement; ce qui ne fut pas décidé alors, mais trois semaines plus tard, au château de Bourmont, dans la forêt de Pouancé, à la suite d'un conseil militaire. M. de Bourmont, qui venait d'arriver aussi d'Angleterre, M. d'Autichamp, qui arrivait de la Vendée, de même que MM. de la Beraudière, Frotté, Georges et M. d'Andigné, assistaient également à ce dernier conseil. Toutes les voix se réunirent pour que M. de Châtillon prît le commandement en chef. M. de Scépeaux était absent, et M. de Châtillon ayant vainement et généreusement essayé de le maintenir, se vit obligé par le vœu général de suivre les instructions de Son Altesse Royale Monsieur, et de se mettre à la tête de l'armée qu'avait commandée le vicomte de Scépeaux.

On touchait à l'automne de 1799, et les chefs royalistes allaient recommencer les hostilités, qu'ils éludaient depuis deux ans. Ils rédigèrent une espèce de manifeste qu'ils adressèrent aux corps constitués pour justifier leur conduite provoquée par la persécution. Là, ils annonçaient que si absolument on ne revenait pas sur les mesures révolutionnaires, ils reprendraient les armes; on ne leur répondit qu'en faisant marcher contre eux de nombreuses colonnes mobiles, ainsi que tous les jeunes gens des villes et des bourgs.

Tous les chefs principaux ayant joint leur quartier-général respectif, ordonnèrent d'armer et de rassembler les soldats royalistes qui étaient sous leurs ordres, voulant que partout on fût en mesure de prendre simultanément l'offensive. Quinze jours suffirent au comte de Châtillon pour mettre sur pied toutes ses forces, pour lever un régiment de hussards, sous le nom de *Royal Chouans,* commandé par MM. de Turpin, et pour organiser tout le pays dans le sens royaliste. Madame de Turpin lui a entendu dire qu'alors le zèle et l'enthousiasme furent tels, que deux mille écus, somme qu'on n'aurait pu dépasser, suffirent pour couvrir les dépenses du premier établissement. M. de Châtillon nomma le chevalier d'Andigné son major-général; et, après avoir réuni environ quatre mille hommes entre Candé et Angers, il adressa des sommations royalistes aux autorités républicaines; puis, interceptant les grandes routes et les approvisionnemens d'Angers, il montra partout les insurgés réunis en bataillons; s'empara de Beaugé, envahit rapidement les districts de Segré, de Candé et de Châteauneuf, attaqua Oudon, menaça Ingrande, Varades et Ancenis, et partout força les cantonnemens républicains à se renfermer dans les villes.

Voici le tableau de l'état-major et des différens chefs de divisions de cette armée, dite armée du comté Nantais, d'une partie de l'Anjou et du bas Maine, tel qu'il fut arrêté avant l'ouverture de la campagne de 1799.

Le comte de Châtillon, maréchal-de-camp.

Le chevalier d'Andigné, adjudant-général.

Le chevalier Turpin de Crissé, inspecteur-général.

M. Plauzin, chef de division de Varades, depuis Ancenis jusqu'à Ingrande : a fait toute la guerre, et a reçu deux blessures.

M. Terrien, chef de la division de Châteaubriand : a fait toute la guerre; trois blessures.

M. Pallierne, chef de la division de Nort : a fait toute la guerre; trois blessures.

M. Denis, chef de la division de Blin, a fait toute la guerre; une blessure.

M. de Tharon, chef de la division de Pontchâteau, ancien capitaine de dragons, passé en Bretagne en 1795 et 1796.

Le chevalier de Pioger, chef de la division de Guerande, ancien capitaine de Rohan-Soubise.

M. Sans-Peur, chef de la division de Segré; toute la guerre: plusieurs blessures.

M. Amand, chef de la division de Craon; toute la guerre.

M. Gaullier, chef de la division de Sablé; toute la guerre, et a été blessé.

Le chevalier de Tercier, chef de la division d'Évron, ancien officier; a servi dans la Châtre.

M. de Gai-Fontaine; a servi aussi dans la Châtre; a commandé les *Chouans* de Bourmont, et a été blessé à leur tête.

M. Gourlet, commandant de la cavalerie, ayant fait toute la guerre : blessé plusieurs fois.

M. de Châtillon, dans une lettre adressée à son Altesse Royale Monsieur, demandait le brevet de colonel pour chacun de ses officiers supérieurs.

Au conseil tenu dans la forêt de Pouancé, et déjà mentionné, M. de Bourmont fut chargé de commander, sous les ordres des princes, l'armée du Maine. On persista toutefois dans le système de ne point attaquer qu'on ne le fût une première fois. C'était

d'ailleurs le vœu général, et en cela il était conforme aux ordres de Monseigneur le comte d'Artois. « On me promet des se-
» cours, mandait le prince; j'espère enfin
» que l'Angleterre me conduira avec plus de
» succès vers les côtes de France ; quarante
» mille hommes me sont promis; mais si vous
» pouvez éviter le renouvellement des hos-
» tilités, faites-le. Si, au contraire, vous
» êtes réduits à vous défendre, je ferai tout
» ce que je pourrai, ainsi que ma famille,
» pour aller vous secourir. »

Peu de jours après, des colonnes républicaines parties de Segré et de Candé, informées qu'une réunion de chefs royalistes avait lieu dans le village de Noyant, à la suite du conseil tenu dans la forêt de Pouancé, marchèrent sur le camp des Angevins. Le combat, soutenu par un millier de Chouans, fut vif; il dura trois heures, et la victoire se déclara pour les royalistes.

M. de Scépeaux s'abstint de paraître dans les conseils; il rédigea un mémoire où il rendit compte de sa conduite à ses camarades et à l'armée.

Les événemens se succédèrent rapidement. M. de Bourmont surprit le Mans; on attaqua et l'on prit plusieurs villes. M. de Châtillon pénétra dans Nantes avec la seule intention de délivrer des prisonniers, de prendre de la poudre et des draps d'habillement, et en outre pour en imposer aux républicains. On fit, dans cette reprise d'armes, des prisonniers de part et d'autre, et la guerre prit un caractère moins barbare et une marche plus régulière. Tout le monde était alors et est encore dans l'opinion que si l'Angleterre, au mois d'octobre 1799, au lieu d'aller opérer un débarquement inutile et mal combiné en Hollande, l'eût effectué en Bretagne et en Normandie, il eût été possible de rétablir la maison de Bourbon sur le trône; car soixante mille royalistes étaient en armes, tant dans la Vendée, qu'en Bretagne, en Normandie et dans le Maine.

Il parut bientôt que les promesses de l'Angleterre seraient illusoires, comme par le passé, et que les royalistes ne pourraient compter que sur leurs propres forces. La poudre manquait; et, faute d'argent pour la solde, il était impossible de tenir les Chouans en corps de troupes réglées. Il eût fallu au moins à chaque armée séparée quelques bataillons de ligne et de quoi les solder, de même que les Chouans qui se montraient disposés à rester sous les drapeaux; on eût pu obtenir alors de très-grands résultats. Le mécontentement des républicains était au comble; il se manifestait partout. Jamais peut-être le parti royaliste armé n'avait eu de plus heureuses chances de fortune et de succès.

Mais la pénurie s'étant fait sentir dans les armées royalistes, les espérances étant trompées par le débarquement opéré en Hollande, les princes se voyant entravés dans leur vif désir de venir se mettre à la tête de leurs partisans, les ordres étant d'ailleurs presque contradictoires entre Mittau et Edimbourg, beaucoup d'autres considérations encore donnèrent au général Hédouville, envoyé comme pacificateur, de puissans moyens de rétablir la paix publique. Le débarquement inopiné de Bonaparte, venant d'Egypte, et la révolution qu'il opéra dans le gouvernement, dont il prit les rênes, acheva la dissolution et la ruine du parti armé.

Voici les événemens qui se développèrent: M. de Bourmont avait surpris le Mans et marchait sur Laval; M. de Châtillon avait effrayé Nantes; et Georges la ville de l'Orient; mais toutes ces opérations étaient demeurées sans résultats, quand le général Hédouville arriva, précédé d'une réputation parfaite, aussi estimé des royalistes que de son parti. Il était alors évident qu'il n'y avait rien de solide à attendre de l'Angleterre, et, d'un autre côté, que des événemens importans se préparaient à Paris, de manière à faire espérer un changement heureux dans le gouvernement.

On voyait arriver des troupes; on pouvait

en craindre de nouvelles. Le général Brune ayant forcé les Anglais à se rembarquer en Hollande, on faisait refluer les troupes de son armée dans les provinces de l'Ouest. D'un autre côté le Morbihan accaparait tous les secours partiels de l'Angleterre, ce qui faisait des mécontens. Toutes ces raisons eussent disparu devant la nécessité de combattre un Robespierre ou même le Directoire; mais le changement inespéré dans le gouvernement, désormais concentré en un seul homme, préparèrent les esprits des propriétaires patriotes à désirer que les Chouans fissent la paix; d'autant plus que la guerre ne pouvait se perpétuer que par un concours respectif d'intérêts et d'opinions dans les deux partis qui étaient aux prises, et qui se trouvèrent presqu'à la fois désintéressés.

Ces motifs préparèrent les voies et contribuèrent à aplanir des difficultés qu'ensuite la sagesse du général Hédouville et sa patience surmontèrent. Ce général avait peu de troupes à sa disposition; et pour se conformer aux instructions qu'il avait reçues, il crut devoir employer les moyens de médiation. Il se rappela les services que madame de Turpin avait rendus aux provinces de l'Ouest, dans les deux pacifications précédentes; il lui écrivit, l'invitant à venir à Angers, et à faire aux chefs de son parti des propositions telles qu'ils auraient tout intérêt à les accepter, et pour eux et pour leur pays. Dans ce cas il n'y aurait plus de sang répandu, et l'on commencerait par une suspension d'armes.

Madame de Turpin était alors malade; et presqu'en même temps elle reçut une lettre du comte de Châtillon annonçant quelques succès dus au courage des royalistes, mais exprimant d'un autre côté les plaintes les plus justes sur la pénurie des secours répartis aux royalistes, et sur les avantages qu'en retirait l'ennemi, dont les forces devenaient tous les jours plus imposantes. Il fallait ou accepter la trève, ou renouveler toutes les horreurs d'une guerre sans espérance.

Cependant madame de Turpin cherche d'abord à éluder, par une réponse pleine de déférence, la mission que lui propose le général Hédouville; en même temps elle croit devoir en prévenir les chefs de son parti, et elle leur envoie la lettre du général. Aussitôt MM. de Châtillon, d'Andigné, et d'autres officiers, viennent près d'elle et trouvent que ces propositions méritent une sérieuse attention; que, sans les accepter brusquement, il faut se les ménager : ils en préviennent MM. d'Autichamp, de Bourmont, Georges et Frotté.

Le général Hédouville écrivit une seconde lettre à madame de Turpin en lui envoyant une voiture et un aide-de-camp pour l'accompagner à Angers, ajoutant qu'il était venu pour substituer les lois de la justice à l'anarchie et au désordre, et qu'elle pouvait prendre confiance dans ses paroles.

Elle hésitait encore; mais MM. de Châtillon et d'Andigné la pressent de se rendre à l'invitation du général républicain. Elle part malade et à pied; fait trois lieues dans des chemins de traverse, et gagne la voiture du général Hédouville, qui l'attendait sur la grande route. A peine est-elle arrivée à Angers, que ce général vient la voir et ouvre avec elle des conférences sur les moyens d'arriver à la paix. Elle lui déclare d'abord que les chefs ne traiteront pas séparément, et qu'il est indispensable de consentir à une suspension d'armes pour rétablir les bases sur lesquelles on pourra pacifier. « Je brû- » lerai plutôt le pays s'il le faut, dit Hédou- » ville. — Et les Chouans aussi, » répond madame de Turpin. Le général ne put rien décider; il attendait un courrier de Paris.

Enfin, après quelques hésitations de part et d'autre, il fut conclu une suspension d'armes qui permit aux chefs de Chouans de se réunir à Pouancé. S'ils eussent pris un parti prompt ils auraient eu à se louer de cet ensemble; mais ils s'embarrassèrent dans des lenteurs; les esprits se divisèrent; les républicains furent servis par des émissaires adroits.

L'Angleterre alarmée se réveilla tout-à-coup; elle dépêcha un convoi chargé de quelques guinées. L'escadre de l'amiral Keit vint mouiller devant Quiberon; elle donna quelques cartouches, quelques fusils; mais il n'en parvint pas à l'armée du comte de Châtillon, quoique ce général eût envoyé le commandeur de Fougeroux et d'autres officiers solliciter des munitions. Madame de Turpin a ouï dire qu'on avait distribué très-peu de poudre, et que seulement cent mille francs avaient été disséminés dans cette armée assez nombreuse et qui occupait un pays très-étendu.

Avant la réunion de Pouancé, madame de Turpin revint à Angrie, où tous les chefs, avertis de son retour, se trouvèrent; ils y tinrent conseil et y admirent madame de Turpin. Le conseil se composait de MM. de Châtillon, d'Andigné, de Fougeroux, de Quinlis, de Bourmont et de Frotté. Georges Cadoudal écrivit qu'il se trouverait aux conférences de Pouancé. Dans cette première réunion, madame de Turpin crut devoir disposer tous les chefs à la paix. Elle jugea dès lors que l'avénement de Bonaparte au pouvoir allait changer la face des choses; qu'il lui serait facile de rallier les Français à un gouvernement dont la gloire les éblouissait, et que tout serait perdu pour les royalistes; ce qu'elle n'avait pas envisagé de même sous la Convention, sous le Directoire, ni sous le règne des institutions révolutionnaires. Les chefs convinrent de la situation critique où ils se trouvaient, et de la nécessité de suivre les négociations. Madame de Turpin ouvrit l'avis de ne pas prolonger l'armistice, et de faire plutôt un traité prompt et militaire qui aurait laissé le parti royaliste intact et impénétrable. Elle eût désiré que tous les chefs ensemble et d'un commun accord en eussent fait la demande au Ier Consul Bonaparte par l'intermédiaire du général Hédouville.

Les choses se firent à peu près ainsi quant

au fond, mais non quant à la forme. Madame de Turpin écrivit au général Hédouville :
« Les chefs de Chouans vont se rassembler
» à Pouancé dans trente-six heures ; ils com-
» muniqueront avec vous, et vos relations
» seront rétablies entre tous ces messieurs.
» J'ai demandé la permission de ne plus être
» comptée pour rien dans tout ce qui va
» suivre des opérations du conseil. »

Elle fut invitée à y assister par le général Hédouville et par les chefs de son parti; sa santé lui servit d'excuse; et, laissant marcher les négociations, elle se retira au château d'Angrie. Toutefois elle recevait à Angrie des courriers d'Angers et de Pouancé, et répondait de son mieux aux dépêches dont ils étaient porteurs.

Enfin le conseil nomma pour commissaires à Angers MM. de Bourmont, de Kainlis, de Fougeroux, d'Andigné de Mainœuf, et un autre officier pour la Vendée. Le jour de la séparation du conseil, M. de Suzannet le père arriva inopinément à Angers venant de

Londres, où l'on était très-alarmé de la paix.

Les chefs devaient se réunir à Candé, lorsqu'une ordonnance du général Hédouville vint avertir que le terme de la suspension d'armes expirait le surlendemain, et que si la paix n'était pas arrêtée, il allait reprendre les armes sur-le-champ. Georges Cadoudal partit aussitôt pour le Morbihan, et M. de Suzannet père pour la Vendée, où il alla joindre son fils. Sur les instances du marquis de Suzannet et de M. de Châtillon, madame de Turpin prit la route d'Angers pour y ouvrir les négociations en masse, et suspendre ainsi la reprise des hostilités de quelques jours, afin de donner le temps à M. de Suzannet de remplir sa mission.

Madame de Turpin trouva la ville d'Angers dans la consternation : toute espérance de paix semblait perdue. Toutefois l'aide-de-camp Lacuée, envoyé par le premier consul, dit à madame de Turpin que Bonaparte désirait vivement que la paix pût se faire, et que ce serait avec chagrin qu'il se verrait obligé d'y amener les royalistes par la force des armes. Madame de Turpin en fit part aux chefs de son parti ; mais l'exaltation, la crainte, et on ne sait quelle fatalité attachée à ces malheureuses provinces, semblaient les avoir dévouées aux puissances infernales et à tous les genres de malheurs.

Madame de Turpin ne pouvant plus être utile au parti royaliste, rentra dans ses bois au milieu de sa famille. Le général Hédouville avait reçu l'ordre de l'engager à se rendre à Paris si la paix ne se faisait pas; et, en cas de refus de sa part, de l'y faire escorter ; mais le général Hédouville eut plus de noblesse dans sa conduite, quoiqu'il sût que madame de Turpin fût suspecte à la police de Paris. Il la pressa seulement de s'y rendre, et lui fit dire que la Vendée acceptait la paix ; et que si, le lendemain, toutes les autres divisions royalistes n'y adhéraient pas, il les réduirait par la force. Madame de Turpin en avertit le comte de Châtillon, sans se permettre une seule réflexion, mais en joignant à sa lettre une proclamation imprimée, assez menaçante, et en prévenant les chefs que le général Brune, avec des renforts, était sur la route de Nantes.

M. de Châtillon, instruit que trente mille hommes marchaient sur lui et sur Georges Cadoudal, dépêcha une ordonnance à ce chef pour le prévenir que la Vendée ayant fait sa paix particulière, par suite de l'adhésion de M. d'Autichamp et des intrigues du curé Bernier, il devenait urgent d'agir ensemble; qu'il venait aussi d'avertir le comte de Bourmont afin qu'il adhérât aux conditions accordées aux Vendéens, sans pourtant les connaître.

Cette ordonnance partit à l'heure même; et les chefs divisés, sans concert, et s'abandonnant réciproquement, signèrent et se prosternèrent.

La résistance du comte de Bourmont fut courte et celle du comte de Frotté fut tragique. Georges Cadoudal eut seul le mérite d'une soumission forcée, après avoir plus long-temps combattu et résisté au général Brune.

Le 25 janvier 1800, finit la mission de madame de Turpin. Après la restauration, elle obtint une audience particulière de Sa Majesté Louis XVIII, qui parut reconnaître les services que cette dame avait rendus à son pays.

Une chose est à remarquer; c'est qu'aux trois époques où le parti le plus fort a proposé la paix au parti le plus faible, ces différentes suspensions d'hostilités ont été utiles à la France; car c'est toujours à ces époques que les institutions anarchiques ont été modifiées ou détruites, tellement que le rétablissement du système monarchique a pris sa naissance à la pacification intérieure de 1800 : nul doute en effet que Bonaparte n'ait servi de planche aux Bourbons. Mais que de cadavres sous ce pont jeté du rivage de l'anarchie et de l'usurpation au port salutaire de la monarchie légitime !

PIÈCES JUSTIFICATIVES

DES MÉMOIRES

SUR MADAME LA VICOMTESSE

TURPIN DE CRISSÉ.

Nantes, le 17 floréal, 4ᵉ année républicaine.

Je me rends à Angers, madame; j'aurai l'avantage de répondre de cette ville même aux articles de votre lettre, du 4 mai, qui vient de m'être remise à l'instant. Puisse, madame, la démarche que vous faites, procurer une paix solide à cette partie de la république.

Le général en chef. *Signé* L. HOCHE.

Armée des côtes de l'Océan.   *Res non verba.*   Au quartier-général d'Angers, le 21 floréal, 4e année républicaine.

LE GÉNÉRAL EN CHEF,

Aux commandans des colonnes mobiles et autres.

Vous laisserez passer librement la citoyenne Jeanne-Anne-Élisabeth Bongars Turpin de Crissé, domiciliée à Angers; taille cinq pieds un pouce, cheveux et sourcils châtains, les yeux bleus, le nez long, bouche moyenne, menton rond, le front élevé et le visage rond. Vous lui donnerez aide et assistance pour aller partout où ses affaires l'appelleront.

Signé L. HOCHE.

Avec ce passe-port, le général Hoche remit un arrêté que M. de Beauchamp a rapporté dans son histoire de la Vendée. Il fut consenti et écrit devant madame de Turpin, l 21 floréale, 4e année républicaine.

N° 2. *Copie de l'arrêté que le général Hoche écrivit devant madame de Turpin, et qu'il lui remit à sa première audience.*

A Angers, le 21 floréal, 4e année républicaine.

ARTICLE 1er. — Les chefs du parti chouan remettront leurs armes au commandant du cantonnement plus voisin; ils en tireront un reçu. — *Refusé :* les chefs ont gardé leurs armes.

Art. 2. — Les chefs devront vivre sous la surveillance, soit d'une municipalité, soit d'un commandant divisionnaire, auxquels ils indiqueront le lieu de leur résidence. — *Accordé.*

Art. 3. — Les chefs donneront les ordres aux commandans des paroisses, pour que les habitans remettent le nombre d'armes convenu aux commandans des cantonnemens républicains, ou à une commission civile. — *Accordé* avec modification.

Art. 4. * — Les émigrés se retireront en Angleterre, ou en Amérique, ou en Suisse. — *Accordé.* Les lieux ont ensuite été absolument à leur choix.

Art. 5.*—A ces conditions, et en reconnaissant les lois de la république, le pays sera libre et protégé. Le refus attirera sur lui les fléaux de la guerre. — *Accordé*, avec la seule modification qu'au lieu de reconnaître les lois, ils ont écrit : *Je me soumets.*

Art. 6. * — Les jeunes gens de la réquisition ne seront point inquiétés; ils resteront dans le pays pour le cultiver. — *Obtenu.*

Art. 7. * — La constitution permet la liberté des cultes; aucun ministre ne sera inquiété dans ses fonctions, si d'ailleurs il ne prêche point contre les lois. — *Obtenu.*

Les quatre articles marqués * ont été accordés aux demandes formelles des chefs de Chouans, qui n'eussent pas posé les armes s'ils ne les eussent pas obtenus.

N° 3. *Copie d'une réponse du général Hoche à madame de Turpin, qui lui représentait combien la marche des colonnes mobiles dans le pays soumis excitait des plaintes, et pouvait devenir dangereuse au repos public.*

Armée des côtes de l'Océan.	*Liberté.*	*Vertu.* *Égalité.*	Division de l'Est.

Ire DIVISION.

Au quartier-général à Angers, le 4 prairial, 4e année républicaine.

LE GÉNÉRAL EN CHEF,

A Madame de Turpin.

Je suis éloigné, madame, de mériter les reproches que la marche des colonnes mobiles pourrait m'attirer; je la suspends par l'ordre le plus formel, dicté devant le porteur du présent.

Je compte sur une paix prochaine et générale. Les habitans de ce pays vous devront beaucoup, madame, et en mon particulier, je m'applaudirai d'avoir eu l'honneur de vous connaître.

Signé L. HOCHE.

N° 4. *Copie de l'ordre donné aux colonnes mobiles, en vertu de la Lettre numérotée* 3.

| Armée des côtes de l'Océan. | *Vertu.* *Liberté.* | *Égalité.* | Division de l'Est. |

Ve DIVISION.

Au quartier-général, à Angers, le 5 prairial,
4e année républicaine.

LE GÉNÉRAL DE BRIGADE BAILLOT,

Au commandant des colonnes mobiles d'Angers.

Vous rentrerez de suite à Angers avec votre colonne.

Salut et fraternité.

Signé BAILLOT.

N. B. Cet ordre fut général en Anjou.

N° 5. *Réponse du général Baillot à madame de Turpin, qui explique que l'ordre donné aux chefs de chouans de rentrer en ville, ne regarde pas ses neveux, mais son beau-frère.*

| Armée des côtes de l'Océan. | *Liberté.* | *Vertu.* *Égalité.* | Division de l'Est. |

Subdivision de Maine-et-Loire.

Du quartier-général à Angers, le 13 fructidor, 4ᵉ année républicaine.

LE GÉNÉRAL DE BRIGADE BAILLOT,

A la citoyenne Turpin.

J'ai reçu, madame, votre lettre, où je vois vos craintes mal fondées. Vous ne me rendez pas justice. Le citoyen Turpin, que je désire voir, est votre beau-frère, à qui je vous prie de faire passer ma lettre, afin qu'il connaisse l'ordre que j'ai reçu, et l'invite en conséquence à se rendre à Angers *pour y rester.* Les officiers-généraux voudront bien, au reçu du présent, faire rentrer dans les villes et vivre sous la surveillance des autorités militaires et civiles tous les chefs chouans d'un ordre supérieur, tels que les chefs de divisions, etc....

L'arrestation de M. de Scépeaux, à Nantes, n'a rien de commun avec cet ordre; je pense même qu'il est sorti·

Donnez-vous la peine d'aller à Serrant, vous y trouverez madame de Chombères, qui vous mettra au fait pourquoi M. de Scépeaux n'est pas rentré de Nantes. Croyez, madame, que je mérite votre confiance : tout ce que je puis vous assurer, c'est que j'ignore qui a donné lieu à cette mesure ; ce ne sont pas les chefs chouans de ce département, à qui je rends justice, et madame de Chombères vous dira ce qui en est. Pour votre tranquillité, allez au château de Serrant, cela vous donnera plus de tranquillité, car votre lettre est alarmante.

Recevez, madame, les assurances de mon respectueux attachement.

Signé BAILLOT.

N. B. Madame de Turpin, en remarquant combien cette lettre était extraordinaire, et par son style et par l'invitation qu'on lui faisait d'aller à Serrant, d'y rester, d'y voir madame de Chombères qu'elle n'avait pas l'honneur de connaître, crut que les mesures pouvaient aussi la regarder ; et cependant on n'avait pas cru prudent d'enlever de chez elle une personne que la confiance publique entourait: peut-être eût-on trouvé cela plus facile ailleurs. Elle resta à Angrie ; elle écrivit à M. le général Hoche. Sa réponse ne se retrouve pas dans les papiers de madame de Turpin ; elle était cependant une des plus honorables de toute sa correspondance ; mais, par le n° 5, on verra que le général Hoche, si l'ordre lui avait été surpris aussi contre madame de Turpin, l'avait au moins révoqué comme une injustice ; il lui avait demandé même son neveu, aujourd'hui son gendre, pour son aide-de-camp; elle motiva son refus par des raisons trop nobles pour que ce général, qui avait de l'élévation dans le caractère, n'en respectât pas les motifs; cependant elle craignit un moment de voir attribuer à ce refus un mouvement de mécontentement, pendant lequel ce général se serait refroidi à son égard.

Toutefois cela n'altéra ni sa confiance en madame de Turpin, ni sa sollicitude pour le bien général.

N° 6. *Copie d'une lettre du général* HÉDOUVILLE.

Rennes, 10 messidor, 4ᵉ année républicaine.

J'ai reçu votre lettre, madame, en l'absence du général Hoche, et je m'empresse de vous répondre qu'il a écrit, avec l'approbation du gouvernement, aux administrations centrales de départemens, pour les inviter à faire lever les séquestres mis sur les biens des Chouans qui se sont soumis aux lois de la république. Ainsi, madame, ils ne doivent plus trouver d'obstacles pour rentrer en jouissance. La franchise de la conduite du général Hoche doit vous inspirer une entière confiance dans ses promesses. L'arrestation de M. de Tharon provient d'un malentendu, dont j'ai rendu compte au Directoire exécutif, et je crois pouvoir vous assurer qu'il sera remis en liberté, et qu'on lui fournira les moyens de transport pour passer à l'étranger.

Agréez, je vous prie, madame, mes salutations respectueuses.

Le général de division, chef de l'état-major de l'armée des côtes de l'Océan,

Signé X. HÉDOUVILLE.

M. de Tharon était un des émigrés de l'armée de Scépeaux, qui, au moment de passer en Angleterre, avait été arrêté à Nantes, et pour lequel madame de Turpin réclamait le bénéfice des arrêtés du général en chef.

N° 7.

Armée française.

Res non verba.

A Brest, le 11 fructidor, 5ᵉ année républicaine

LE GÉNÉRAL HOCHE,

A madame de Turpin de Crissé.

Je consens volontiers, madame, à ce que M. Maklot, au lieu d'aller en Suisse, se rende en Angleterre, où, sans doute, d'après ce que vous me faites l'honneur de me dire, il trouvera plus de ressources. Je vous invite en conséquence à le faire partir pour Rennes, et à l'adresser au général Hédouville, qui y commande, et qui trouvera les moyens de le faire embarquer pour Saint-Malo.

Signé L. HOCHE.

N° 8. *Réponse du général Hoche, aux réclamations que madame Turpin lui adressa en faveur de M. de Maklot, émigré, et sur l'ordre qu'elle croyait avoir été donné pour arrêter M. Charles de Turpin, son neveu, aujourd'hui son gendre.*

| Armée des côtes de l'Océan. | *Res non verba.* | Au quartier-général à Rennes, 27 fructidor, 4ᵉ année républicaine. |

LE GÉNÉRAL EN CHEF,

A Madame de Turpin.

J'ai reçu, madame, avec la lettre que vous m'avez fait l'honneur de m'écrire, le 12 de ce mois, celle que vous adressez à M. Maklot. Je fais passer à Angers le passe-port dont il aura besoin pour se rendre en Suisse, avec recommandation au général Baillot de le faire voyager de manière qu'il n'ait point à se plaindre.

Je vous engage à être parfaitement tranquille sur le sort de monsieur votre neveu ; j'ignore ce que le général Baillot peut avoir à lui dire ; mais je n'imagine pas que cette démarche puisse avoir rien de fâcheux pour lui. Agréez, je vous prie, madame, l'hommage de mon respect.

Signé L. HOCHE.

N.B. M. de Maklot, émigré, qui d'abord avait désiré aller en Suisse, ensuite en Angleterre, ayant enfin reçu une invitation de sa famille d'aller en Suisse, il pria madame de Turpin d'obtenir ce changement, ce que M. le général Hoche accorda avec bonté et avec indulgence pour toutes ses incertitudes.

N° 9.

Madame de Turpin se trouvant à Angers le 30 thermidor, lorsque le général Hoche y passa revenant de Paris, elle lui écrivit pour lui demander la liberté de M. le curé Bandirgnie, incarcéré à Nantes, et la liberté d'autres prisonniers envoyés à Noirmoutiers, ce que M. le général Hoche ordonna quelques jours après. N'ayant pu voir madame de Turpin, il lui écrivit en ces termes :

Le 30 thermidor.

Il est si tard, madame, que je ne puis espérer avoir l'honneur de vous voir aujourd'hui; croyant avoir celui de vous recevoir ce matin, j'ai attendu jusqu'à midi et demi : je suis désolé de votre inutile course. Puis-je espérer que vous voudrez bien m'indiquer l'heure où je pourrai avoir l'avantage de vous voir demain matin chez vous. Je suis honteux de n'avoir pu encore vous saluer.

Signé le général en chef, **L. HOCHE.**

N° 10. *Correspondance relative à la paix de l'an 8.*

Liberté,   *Égalité.*

Armée d'Angleterre.   A Angers, le 12 brumaire, l'an 8 de la république, une et indivisible.

LE GÉNÉRAL EN CHEF,

A la citoyenne Turpin de Crissé.

Il est extrêmement important, Madame, que j'aie l'avantage de vous voir, pour causer avec vous des intérêts de votre malheureux pays, où vous avez contribué d'une manière si efficace à rétablir la tranquillité.

Je vous promets que vous ne resterez à Angers qu'autant de temps que vous le voudrez, et que vous aurez toute sûreté pour vous y rendre et pour retourner où cela vous conviendra.

J'ai vu M. de Bongars avant de quitter Paris; il ne désire pas moins vivement que moi que je puisse m'entretenir avec vous.

Je vous prie, madame, d'agréer l'assurance de mes hommages respectueux. *Signé* X. HÉDOUVILLE.

N° 11.

Angers, le 17 brumaire an 8.

LE GÉNÉRAL EN CHEF,

A Madame Turpin de Crissé.

Madame,

Je m'empresse de vous assurer de nouveau que vous trouverez toute sûreté à vous rendre ici demain, à sept heures du matin; un de mes aides-de-camp vous attendra au *Chêne-Lapalu,* avec une voiture; ainsi, vous ne serez pas connue en entrant en ville, et je vous en ferai sortir aussitôt que vous le désirerez, avec les mêmes précautions. Vous descendrez dans telle maison que vous voudrez, et je m'empresserai de vous y aller joindre.

Je vous attendrai avec la plus vive impatience, et je me féliciterai toute ma vie de notre entrevue, si elle peut contribuer au rétablissement de la tranquillité dans ce malheureux pays, et à votre satisfaction particulière. Je vous prie d'agréer, madame, l'assurance de mon respect.

Signé X. HÉDOUVILLE.

N° 12. *Copie d'un passe-port donné à la paix de 1800.*

Liberté, Égalité.

Armée
d'Angleterre.

A Angers, le 6 nivôse an 8
de la république.

LE GÉNÉRAL EN CHEF,

Ordonne aux commandans militaires de laisser passer librement le porteur du présent passe-port, accompagné d'une personne, et de lui prêter aide et assistance, s'il y a lieu, sous leur responsabilité personnelle. Le présent passe-port sera valable jusqu'au 13.

Signé X. HÉDOUVILLE.

N° 13.

Liberté, Égalité.

Armée
d'Angleterre.

Angers, le 3 frimaire
an 8.

LE GÉNÉRAL EN CHEF,

A Madame Turpin de Crissé.

La fièvre vous a donc harcelée et forcée de vous arrêter en route. Quoique vous soyez aussi souffrante, madame, M. de Fougeroux m'a dit qu'il vous avait trouvé meilleur visage qu'avant votre départ d'Angers. Je le crois, parce que je suis certain que vous n'éprouverez pas de plus vive satisfaction que celle de contribuer encore une fois à rendre la paix intérieure à ce malheureux pays. Ménagez-vous. Je désire bien que vous soyez bientôt en état de braver encore les fatigues de la route pour revenir ici; j'y resterai jusqu'à ce que j'aie eu des entrevues avec les personnes que M. de Châtillon m'enverra : puissent-elles tourner à la satisfaction commune! Je vous prie, madame, de vouloir bien agréer l'assurance des sentimens d'intérêt et de respect que je vous ai voués.

Signé X. HÉDOUVILLE,

N° 14. *Copie des pouvoirs donnés à madame la vicomtesse de Turpin, par le général de Scépeaux, pour conclure la paix avec le général Hoche.*

Je donne pouvoir à madame de Turpin de traiter avec le général Hoche sur tous les articles qu'elle croira avantageux à l'intérêt général du pays. Si quelques articles souffraient des difficultés, et qu'elle n'osât prendre sur elle de les lever, madame de Turpin voudra bien m'en faire part, afin que sur-le-champ je prenne avec mes officiers un arrêté définitif.

Fait à Vritz, ce 1er mai 1796.

Signé le vicomte de SCÉPEAUX.

N° 15. *Copie des instructions données à madame de Turpin.*

1ᵉʳ mai 1796.

Dans l'impossibilité où je suis de communiquer avec le général Hoche par un officier de mon armée, madame de Turpin voulant bien se transporter auprès de lui, je la charge de lui exprimer les demandes que je fais pour l'intérêt général.

1° Madame de Turpin exposera l'utilité d'une réunion totale du parti royaliste, seul moyen d'arrêter les maux désastreux de la guerre civile.

2° Elle assurera que nos désirs nous portent à négocier des conditions de la paix, d'accord avec M. de Puisaye et autres chefs.

3° Elle demandera la suspension des marches des colonnes mobiles.

Fait à Vritz, ce 1ᵉʳ mai 1796.

Signé le vicomte de SCÉPEAUX,
général de l'armée de haute Bretagne et bas Anjou.

FIN DES PIÈCES JUSTIFICATIVES.

RÉCIT DE L'ENLÈVEMENT

DU SÉNATEUR

CLÉMENT - DE - RIS.

RÉCIT DE L'ENLÈVEMENT

DU SÉNATEUR

CLÉMENT-DE-RIS.

Le sénateur Clément-de-Ris, ancien valet-de-chambre de la Reine, était de la Basse-Bretagne, et neveu de Clément de Malle-rand, professeur de droit français, homme généralement estimé. Dès le commencement de la révolution il a été l'ami intime de Sicyes; il possédait aux environs de Tours une terre nommée Beauvais-sur-le-Cher, dans la commune de Bléré. Son influence dans le pays, les places qu'il avait occupées au département, ses relations avec l'un des chefs des révolutionnaires, lui avaient servi à exalter au dernier point l'esprit patriotique dans toutes les communes environnantes, et même à Tours.

On croit pouvoir affirmer que ce n'est pas précisément à Clément-de-Ris qu'en voulaient les Chouans qui l'ont enlevé en 1800. Charles G... m'a dit que lui et ses camarades avaient mis dans un chapeau les noms de cinq ou six patriotes les plus famés dans le pays, et que le sien était sorti : le fait est que leur but était d'obtenir cinquante mille francs pour se procurer des moyens de recommencer une guerre alors imminente. Ses associés furent Renard, ex-officier chouan, N*** Gaudin, major d'une division de Frotté, Mauduison et Couchy, qui avaient servi dans la division de Charles N***. Ils allèrent cacher des fusils dans des espèces de carrières qui sont auprès de Beauvais, et vinrent, deux jours avant l'exécution de leur entreprise, se baigner dans le Cher pour reconnaître le terrain; ils partirent de Tours sur de mauvais chevaux, et, dans la prairie de Saint-Avertin, en ayant trouvé d'autres qui paissaient au vert, ils les prirent; les paysans à qui ces chevaux appartenaient coururent après eux, mais ils les écartèrent à coups de fusil; et c'est d'une manière aussi étourdie que publique qu'ils commencèrent leur expédition. Dans un petit bois voisin de Beauvais ils revêtirent des uniformes de chasseurs. Leur travestissement à peine achevé, il passa un cabriolet qui revenait de Tours, où il avait conduit madame Clément-de-Ris et son fils aîné, qui étaient allés au bal que donnait Graam, le préfet, pour la fête du 1er vendémiaire. Ce cabriolet ramenait madame Brûlé, et avait pour conducteur le postillon de Clément-de-Ris. Charles arrêta la voiture et demanda où ils allaient; sur la réponse que c'était à Beauvais, il dit qu'il voulait les escorter. Clément-de-Ris était sur le seuil de sa porte pour attendre madame Brûlé. Charles laisse deux hommes en faction à la grille, et court sur-le-champ à Clément-de-Ris, qu'il somme, au nom de la loi, de déclarer combien il a de monde dans sa maison; sur sa demande Clément-de-Ris lui déclare quatorze ou quinze personnes. Il les rassemble sur-le-champ et les enferme. Il ordonne à Clément-de-Ris de le mener dans son cabinet, et de lui apporter sur-le-champ son argenterie, qu'il fait placer dans le cabriolet, avec défense au postillon de dételer; il met ensuite la main sur un coffre d'acajou dont il demande la clef; Charles a dit qu'il avait toujours soupçonné ce coffre de contenir la correspondance révolutionnaire de Clément-de-Ris. Celui-ci lui ayant répondu sur-le-champ qu'il contenait le cœur embaumé de sa fille, Charles assure qu'il n'eut pas le courage d'exiger qu'on ouvrît le coffre, et il n'en parla plus. On mit un bandeau sur les yeux de Clément-de-Ris; on le fit monter en voiture sans chapeau, et l'on donna l'ordre au postillon de partir. Clément-de-Ris croit avoir fait beaucoup de chemin; on voulait seulement éviter les communes d'Azé et de Bléré, et après beaucoup de tours et de détours on le conduisit au Portail, ferme auprès de Loche, appartenant à M. Delacroix, espèce d'idiot, que Charles connaissait beaucoup moins que sa femme, assez belle personne, avec qui il était lié. On fit descendre Clément-de-Ris dans une espèce de souterrain voûté qui se fermait par une pierre et servait à cacher des prêtres. Charles et les autres ravisseurs s'encavèrent avec leur prisonnier. Pendant ce temps-là le bruit de son enlèvement mit sur pied tout le pays; toute la force armée de Tours battit la campagne. Charles voulant aller reconnaître les choses par lui-même, sortit avec un fusil à deux coups et un chien, comme pour chasser. Il rencontra des détachemens de paysans auxquels il dit qu'ils feraient bien mieux de rester chez eux, et dont il trouva l'appareil si peu menaçant, qu'il fut tenté d'aller chercher ses camarades, de monter à cheval et de les charger. Quand il vit que le tocsin ne sonnait plus, il retourna au souterrain, et déclara au sénateur qu'il n'en voulait pas à sa vie, mais qu'il fallait qu'il souscrivît sur-le-champ un billet à ordre de cinquante mille francs. Il conduisit tous ses camarades à Orléans, et revint me trouver et me raconter les détails ci-dessus, en me demandant ce qu'il ferait du captif. Je lui dis qu'il n'aurait pas dû faire un esclandre; et c'est alors qu'il me parla des noms tirés au sort. Je lui demandai comment était l'homme et de quelle manière il soutenait sa position. « Sans montrer trop de faiblesse, » me répondit-il. Alors je lui représentai qu'il ne fallait pas commettre un crime inutile et de sang-froid. Il m'assura qu'il se contenterait de l'argent, et me demanda en même temps de le mettre lui-même dans un lieu sûr jusqu'à ce qu'il sût la tournure que la chose prendrait. Madame Clément-de-Ris et madame Brûlé vinrent à Blois apporter l'argent; mais Charles n'avait point donné une indication assez directe; son intention était qu'on allât jusqu'à Chartres, et il ne l'aurait même reçu que dans la forêt de Rambouillet. Les choses changèrent de face; le gouvernement jeta feu et flamme, et déclara à M. de Bourmont qu'il fallait qu'il fît retrouver le sénateur, puisqu'il était probable que c'étaient des gens de son parti qui l'avaient enlevé, attendu qu'on ne découvrait pas que ce fussent des jacobins. On avait fait courir le bruit que Clément-de-Ris, assez mauvais parent, avait des discussions d'intérêt avec des neveux à lui, qui s'étaient emparés de sa personne pour parvenir à être dédommagés. M. de Bourmont, au lieu de décliner l'influence qu'on lui supposait, s'engagea en quelque sorte à envoyer des ordres. Carlos vient de sa part, s'informer si on savait où était Charles, sans avoir de certitude qu'il fût l'auteur de l'enlèvement, mais seulement des soupçons assez vagues; on me demanda si je connaissais le lieu de sa retraite. Je m'enquis d'abord de ce qu'on en voulait faire; et l'on me dit que s'il était possible de ravoir le sénateur, la confiance du gouvernement, sa reconnaissance, sa bienveillance pour tout ce qui était royaliste, en serait le résultat assuré. Je fus rendre compte de cette ouverture à Charles, qui me répondit qu'il voulait savoir quelles conditions on faisait. Carlos voyant que la reddition du sénateur ne tenait qu'à cela, court à Paris et revient en vingt-quatre heures avec les promesses verbales les plus étendues, et soi-disant les plus authentiques. Charles alors se montra; et c'est là ce qui me fait dire que son caractère est beaucoup plus beau que sa réputation. Il déclara sur-le-champ à Carlos qu'il allait partir avec lui, et que, puisque M. de Bourmont pouvait être compromis, il allait se mettre entre les mains du ministre de la police, et tout rendre, depuis le sénateur jusqu'à l'argenterie et le billet. Il y fut. Voici quelles furent les propositions du ministre (j'observe que Charles, en passant à Orléans, avait demandé à ses camarades s'ils acceptaient ce que Carlos était venu offrir): Rendre le sénateur, recevoir les cinquante mille francs, ne dire le nom de personne, et qu'alors s'ils étaient pris, il ne répondait de rien; que si, au contraire, ils voulaient se nommer, ne rien recevoir et rendre le sénateur, il les prenait sous sa protection spéciale, s'engageait à leur rendre l'aisance et l'existence qu'ils pouvaient avoir eues avant la révolution. Les camarades de Charles consentirent à être nommés; Charles insista principalement sur ce qu'on rendît les biens à MM. de Mauduison et de Couchy. Tout cela fut promis verbalement. Charles donna un billet pour Gaudin, qui, seul, gardait le sénateur dans le souterrain. Il est bon de remarquer que, comme il était borgne et que la pierre du caveau n'était jamais fermée, que tout au plus la nuit, Gaudin paraissait devant lui en marquis. On ne se fait pas d'idée de la pusillanimité du captif vis-à-vis de son gardien; il lui disait qu'il espérait bien que quand il serait parti de là il n'aurait pas d'autre maison que la sienne; l'autre lui répondait en haussant les épaules. Au reste s'il ne s'est pas enfui, c'est qu'il n'a pas voulu. Vu sa haute taille, il était aussi haut que le souterrain. Gaudin restait couché dans la ferme jusqu'à onze heures du matin, et il était si sûr que son ombre suffirait pour garder le sénateur, qu'il ne s'en inquiétait pas autrement; d'ailleurs, il avait tout le soin possible de Clément-de-Ris, le nourrissant de tout ce qui pouvait lui convenir; madame Lacroix envoyait des volailles, du vin et des fruits; mais le sénateur osait à peine manger, de crainte d'être empoisonné; et, au milieu de ses protestations, il se servait de la liberté qu'on lui laissait pour observer dans son caveau les objets qui pouvaient l'aider à le reconnaître en temps et lieu. Il retenait le nom des valets, des servantes de la ferme, le nom des chevaux et des vaches, le nom des enfans. Charles remit le billet à Arthur. Comme par hasard il était descendu chez moi et était venu me conter toute cette opération, je craignais de me trouver compromis dans des recherches; et, quoiqu'il n'y eût pas grand mérite ni grand honneur à jouer un rôle dans cette tragi-comédie, je voulus figurer parmi les libérateurs. C'est ici que commencerait ce qu'on pourrait bien appeler une parade, si le dénoûment n'en avait pas été si atroce. Nous partîmes au nombre de cinq, et nous arrivâmes sur les huit heures du soir : la première maison où nous passâmes à Beaulieu, fut celle du sous-préfet, qui rentrait chez lui avec le lieutenant de la garde nationale; ils s'étaient mis à la porte en entendant le bruit des chevaux. Je vis encore le lieutenant qui nous demanda fièrement : « Qui êtes-vous ? » On répondit qu'on demandait le sous-préfet; cet homme répond que c'est là. Carlos lui présente un papier. Cet homme, qui nous supposait beaucoup, mit des lunettes sur son grand nez, et il n'eut pas plus tôt vu le firman qui avait en tête : MINISTÈRE DE LA POLICE GÉNÉRALE, qu'il pensa faire comme les Turcs quand le calife leur dit : *Il Bondo Cadi.* Arthur avec Robert se séparèrent de nous, et furent porter l'ordre de Charles à Gaudin, qui leur dit : « Je ne vous demande rien » de plus; je me fie à votre parole d'hon-» neur. » Gaudin monte à cheval avec Bernard, le frère de Carlos, et retourne sur la route que nous avions suivie. Carlos et moi nous repartîmes de Loches vers une heure du matin. Arrivés à la pyramide de Chemillé, au milieu de la forêt de Loches, nous allions au pas, et nous apercevons le sénateur, les yeux bandés, étendu au pied d'un arbre comme un sac de blé, n'ayant pas la plus petite envie de bouger. Gaudin lui avait dit en s'en allant qu'on le transférait, et qu'il était entre les mains d'autres brigands qui le tueraient s'il disait un mot. Arthur et Robert, en nous apercevant de loin, firent monter le patient à cheval. Nous nous arrêtâmes, et nous les laissâmes faire route environ deux ou trois cents pas; alors Carlos et moi nous mîmes nos chevaux au galop, en criant: *Les voilà*. Robert et Arthur se mirent à crier de leur côté, et nous tirons un coup de pistolet. Carlos reste à côté de Clément-de-Ris, et nous nous enfonçons tous les trois dans le bois. Nous revenons cinq minutes après le sabre à la main, regrettant beaucoup que l'obscurité nous ait empêché de poursuivre les brigands, mais ajoutant que le plus fort est fait puisque nous avons délivré le sénateur. Carlos, au même instant que nous étions partis, avait arraché le bandeau à Clément-de-Ris en lui criant : « Vous êtes libre; n'êtes-vous pas le sénateur « Clément-de-Ris? » Nous les rejoignîmes dans le moment le plus attendrissant de cette reconnaissance.

Il est à remarquer que Fouché avait fait d'avance à Carlos la lettre de remercîment que Clément-de-Ris lui écrirait, et qui était calculée sur sa peur présumée. Il nous dit que c'étaient les coquins de royalistes qui l'avaient enlevé; qu'il reconnaissait bien là l'amitié de Fouché; il nous parla dans ce sens jusqu'au jour. Ici nous eûmes une autre crainte : nous ne voulions point que d'autres que nous ramenassent le sénateur chez lui, et à la petite pointe du jour nous aperçûmes un groupe de monde. Robert et moi nous courûmes sur eux, et nous ne fûmes pas fâchés de voir que c'était tout simplement des ouvriers qui allaient à leur travail; mais le sénateur ne nous pria pas moins de rester auprès de lui, croyant qu'une nouvelle action allait s'engager. Arrivés à Bléré, la paroisse la plus révolutionnaire, nous dînâmes avec le sénateur; toutes les autorités vinrent le complimenter; toute la garde nationale fut sur pied, et il eut le bon sens de leur dire à eux-mêmes : « Actuellement que je n'en ai plus be- » soin, ils viennent tous. » Il nous présenta les uns après les autres comme ses libérateurs; mais on lisait sur nos figures apparemment quelque chose d'équivoque, car je puis dire qu'il n'y avait que lui qui en fût dupe.

Arrivés à Beauvais, où nous avaient précédés des acclamations publiques, nous trouvâmes le préfet Graam, les présidens des tribunaux, toutes les autorités enfin par députations, à qui le sénateur se préparait à répéter son petit compliment; mais Arthur, en homme franc et loyal, dit à Carlos d'avoir la bonté de remettre chacun à sa place. Carlos alors tira le sénateur à part, et lui dit, ce qu'il commençait à savoir, que nous n'étions pas des agens de la police, mais des officiers de l'armée qu'avait commandée M. de Bourmont. Ce fut un coup de théâtre superbe. Clément-de-Ris rentre dans son salon, la sensibilité peinte sur la figure, et dit à l'honorable assemblée : « Voilà le jour de réunion » de tous les partis : ma femme, mes enfans, » savez-vous ce que sont ces messieurs ? Ce » sont des officiers royalistes. » Sa famille ne dit pas ce qu'elle en pensait, mais le préfet, le maire de Bléré, et toute l'élite des révolutionnaires, qui était là, faisaient une grimace des plus comiques. La foule s'écoula, nous restâmes en famille avec le lieutenant de gendarmerie de Loches et le capitaine de gendarmerie de Tours, nommé Follia. Nous partîmes le lendemain, après avoir eu la précaution d'avertir Clément-de-Ris que la prudence et peut-être quelques autres motifs devaient l'engager à ne donner aucune espèce de renseignemens, aucune suite à une affaire malheureuse, qui se terminait bien pour lui, puisqu'il retrouvait sa famille, ne payait pas les cinquante mille francs, et ne perdait au fait que son argenterie. En effet, lorsque Charles avait offert de la rendre, le ministre lui avait répondu : « Gardez-vous-en bien, je » ne pourrais plus dire que ce sont des bri- » gands qui l'ont enlevé. » J'observe encore qu'à cette occasion il demanda s'il n'y avait pas dans le pays quelques gueux sur qui on pût mettre l'endosse du tout. On lui répondit que c'était le métier de la gendarmerie de donner des informations de cette nature. Quoi qu'il en soit, à peine fûmes-nous partis, que les officiers de gendarmerie, piqués de l'inutilité de leurs recherches, et peut-être aidés dans leurs opérations par la disposition d'esprit de Clément-de-Ris, tirèrent bientôt de lui plus de renseignemens qu'ils ne pouvaient même en attendre. Aussi ne tardèrent-ils pas à aller droit à la métairie; ils arrêtèrent le fermier et sa femme, qui, intimidés, compromirent madame Lacroix. Alors Fouché faisant venir cette femme, l'ordre de l'arrêter fut exécuté; seulement, dans l'intervalle, le tribunal criminel s'empara du fermier et de sa femme, que Charles avait oublié de mettre sous la sauve-garde du ministre, comme il y avait mis madame Lacroix. C'est à cette occasion que je fus à Paris pour l'avertir que trente-six heures après, madame Lacroix, le fermier et la fermière seraient livrés au tribunal criminel, dont les opérations rentreraient dans les attributions du ministre de la justice. Ce fut alors que j'entendis le ministre dire ces mémorables paroles : « Que diable, quand on cons-» pire, on n'y met pas de femme! » Le résultat fut qu'il me fit donner par de Villers une lettre de six lignes, ouverte, qui ordonnait impérativement à....... d'envoyer sur-le-champ madame Lacroix à Paris. Par étourderie ou autrement on oublia le malheureux fermier, pour lequel seul j'étais venu, et qui fut la cause que l'affaire passa des mains de Fouché dans celles du ministre de la justice. Jusque là je crois que le ministre de la police était de bonne foi. Je ne crois nullement que Charles ait eu l'intention de nuire par préférence à madame Lacroix, avec qui il était bien, ni à MM. de Mauduison et de Couchy, qu'il avait été chercher exprès, qui ne pensaient point à lui, et avec qui il avait des rapports d'intimité. Le fait est qu'on a soupçonné Charles, Bénard et N....... d'avoir été agens de la police : si c'est ainsi que, dans son arrière-pensée, le ministre avait intention de leur procurer une existence, c'est différent; mais il est bien certain que les trois autres, Couchy, Mauduison et Gaudin, qui se sont refusés à toute espèce de proposition, ne méritaient pas plus d'être sacrifiés que les trois premiers d'être épargnés. On arrêta Gaudin, Couchy et Mauduison; on les jugea à Tours: le tribunal, au lieu de les acquitter purement et simplement, laissa la question indécise; l'autorité le blâma officiellement, de manière à forcer la conduite du tribunal d'Angers, auquel il renvoya la cause. Ici commence un dédale d'intrigues et de fourberies, auxquelles je suis absolument étranger. J'offris à B*** d'aller déposer à Angers de la vérité des faits dont nous avions été spectateurs. Sa réponse fut que cela ne servirait à rien, et que nous n'avions fait qu'exécuter des ordres sans devoir répondre des suites. Gaudin, Couchy et Mauduison condamnés à mort, et amusés jusqu'au dernier moment pour qu'ils n'invoquassent pas la parole donnée par l'autorité, furent exécutés. Lacroix et sa femme furent ruinés par les frais du procès, et madame Lacroix condamnée à être en prison à Loches, où elle est encore pour je ne sais combien d'années, ne vivant que du travail que lui procurent les gens honnêtes qui la connaissent et qui la plaignent. L'argenterie n'a pas été rendue, et Charles est resté attaché à la police, qui, après s'en être servi, l'a fait mettre à Bicêtre.

FIN.

www.ingramcontent.com/pod-product-compliance
Lightning Source LLC
Chambersburg PA
CBHW050429170426
43201CB00008B/598